玉兎のノート

久慈倫太郎
鈴木　啓子

まえがき

ジャータカ物語は、かつて天竺（てんじく）といわれた古代インドの説話やお伽話などを集めた本です。

森に住む動物たちが主人公となって、私たちに人間の言葉で、いろいろと生きていくための生命の智慧を教えてくれます。

お釈迦さまは、ネパールのルンビニーの園にお生まれになる前に、あるときは兎、鹿になり、あるときは象になり、またあるときは小鳥になって、幾度も幾度も生まれ変わって（輪廻転生（りんねてんしょう））、善い行いを積まれたのです。

ジャータカは、そのようなお釈迦様の「前世」の物語です。

ジャータカ物語は、人類がはじめて手にした童話集かも知れません。ギリシャのイソップ物語も、その多くはジャータカを原本としているといわれています。

日本でも謡曲などにとりいれられ、奈良の法隆寺には玉虫厨子に描かれている薩埵（さった）太子の捨身飼虎（しゃしんしこ）図と、雪山童子の施身聞偈（せしんもんげ）図が伝えられています。

この〝玉兎（ぎょくと）のノート〟の説話は、わたくしが母の背で聞いた〝私のジャータカ物語〟の憶書（おぼえが）きです。

〝子どもたちは一冊の本である。その本から私たちは何かを読み取り、その本に何かを書き加えてゆかなければならない〟

私は音楽の都、ウィーンの、ある幼稚園の壁に書かれていた、この言葉を今も思い出しています。

そして、人々の心に「何かを」etwas（エトワス）を届けるのが、私の仕事だと思っています。

神の坐（ま）します国をそれぞれに、インドでは天竺と称し、中国は天とし、日本では高天原と呼んで、古代より相通じてきました。

それぞれの民族が受け継いでいる神話や数多くの昔話は、私たちの未来を開く使命を語ってくれています。

上つ代（かみつよ）の縄文、弥生の若い人たちは、どのようにして多くの神々と共に語らい、共に働き、夜はかがり火を焚いて、聖なる酒宴に興じて、幾夜を過ごしたのか、思いめぐらすほどに胸の鼓動を感じます。

ふりかえると、私たち人類は、いつの頃からか神との言問（こととい）を失い、やがて神からますます遠く離れて住もうとしてきたように思われます。

本居宣長翁は「我は神代を以て人事を知れり」と言っています。人事とは、人の道のことでしょう。さらに「大御世（おおみよ）には、道といふ言挙（ことあ）げもさらになかりき、其はたゞ物にゆく道こそありけれ」と『古事記伝』に諭されています。

未来が見えないといって、不安な思いを抱く多くの若い人たちの言葉が聞こえてきます。私は、若い人たちが描こうとする日本の未来像は、神話の中に縮図となって宿っているように思います。

どうか言い得ない言の葉を、この書の中に見出して頂ければ望外の幸せです。

目次

目次

月のウサギ

インドの深い森の中に、心の優しいウサギが住んでいました。森は、山と川と小さな村に囲まれていました。

ウサギには、サルと山犬とカワウソの仲の良い三匹の友だちがいました。

昼間は、それぞれに自分たちの遊び場で餌を食べて、夕暮れになると森の広場に集まって、その日の出来事をみんなで楽しく話し合っていました。

そんなある夜、ウサギはお月さまを眺めていて、下の方が少しづつ欠け始めているのに気がつきました。

「そうだ。明日は精進の日だ」と思って、ウサギはその事をみんなに伝えました。

※精進の日というのは、食べ物がなくなって困っている人たちに、自分の食べ物を分けて差しあげる日のことです。そうすることによって、いつも汚れてしまうわたしたちの心を洗って晴れやかにする日です。

サルも山犬もカワウソも、「そうか、明日はお坊さんの来る日だ。ジャブ、ジャブ、ジャブと心を洗おう」と言って、自分たちの寝ぐらに帰って行きました。

太陽が昇って、爽やかな朝が森にやってきました。

カワウソは、目をこすりながら大きく深呼吸をして、川岸へ降りて行きました。

すると、川辺の砂の中に、夜の間に漁夫たちが採った七匹の赤魚が、笹の小枝に串刺しにされているのを見つけました。カワウソは大声で、「この魚の持ち主はいませんか」、「この魚の持ち主はいませんか」…と三度呼びましたが、誰も現れません。それではと、その笹の小枝を口にくわえて、藪の中の自分の住み家へ持ち帰りました。

山犬も獲物を探して村の中を歩いていると、番小屋の中に、串を刺した肉と、トカゲが一匹と、壺に入った牛乳を見つけました。

山犬も三度繰り返して、「どなたかいませんか」…と声をかけましたが、返事がないので「仕方がない。戴いていいのかな」と独り言を言いながら、自分の家へ持ち帰りました。

サルも森の中へ入って、赤く黄色く熟れた甘い香りのするマンゴーの実を、袋に集めて持ち帰りました。

しかしウサギは、いつも草や茅しか食べていないので、米も豆もゴマもありません。もし、お坊さんが托鉢に来られたら、「何も差しあげられない。どうしよう」と考えこみ悲しんでいました。

※インドや南の国のお坊さんは、自分で食事をつくって食べることは禁じられています。町や村の人たちから差し出された食事を、自分の手に持った鉢の中に盛っていただいて、それを持ち帰って、仲間のお坊さんたちと分け合って戴くのです。いまでも、その習慣はきちんと守られています。

その様子をじっとご覧になっていた天の神さまは、ソッと地上に降りて、お坊さんの姿に変えて森の中に入って行かれました。

まず、カワウソのところを訪ねて、「何か食べ物を分けてください」と言いました。

阿修羅は、サンスクリット語の「asura」が音写されて、阿修羅、修羅と漢訳語で形容され、血気さかんで、闘争を好み、帝釈天などを敵として常に戦いを挑むインドの鬼神の一種と見なされていましたが、後には仏法の守護神として親しまれています。

三島由紀夫は『天人五衰』の中で、「微笑とは、決して人間を容認しないという最後のしるし、弓なりの唇が放つ見えない吹き矢だ」と言っていますが、確かに阿修羅に見るようなアルカイックな微笑は、永遠の生命に突き刺さる愛の息吹きかもしれません。

さらに、昭和四十五年、市ヶ谷の自衛隊駐屯地で衝撃的な自刃(じじん)をとげた三島由紀夫は、〝私の中の二十五年〟と題して、「このままいったら日本はなくなり、無機的な、空っぽな、ニュートラルな、富裕な、抜け目がない経済大国が残るのであろう」と、日本の落ち行く先を見据えた、無念の言葉を遺しています。

それからちょうど四十年たった今年、不思議にも同じ名前をもつ由起夫が、日本国総理の座にありました。キョトキョトした無機的な目、空っぽで内容のない言葉、そカワウソは、ソレッとばかりに喜んで赤魚を捧げました。お坊さんは、「ありがとう。それでは明日の朝いただきに参りますので、置いておいてください」と合掌して、次の山犬の住み家の方へ行かれました。

山犬は小躍りしながら迎え、獲物を並べました。お坊さんは、「それでは、また明日の朝…」。さっきと同じことを言って、立ち去りました。

サルは木から飛び降りて、お坊さんの手をとって、美味しいマンゴーの実と冷たい水を持鉢に注ぎました。

最後に、お坊さんを迎えたウサギは大地に伏して、「ようこそ、私のところへおいでくださいました。何と、ありがたいことでしょう。けれど、私にはお分けする何もありません。すみませんが、私からのお願いがあります。そこここにある薪を集めて、火を燃やしてくださいませんか」と言いました。

お坊さんは、そう言われるままに薪を集めて火を点けますと、ウサギは真っすぐに立って両手を合わせ、「私は、その火の中に飛び込みます。私の身体が焼けたら取りだして、どうか召し上がってください」と言ったと思うと、燃えさかる火の中に身体を躍らせました。

しかし、どうしたことでしょう。その真っ赤な火は、ウサギの毛一筋も焦がさないのです。ウサギは驚いて、お坊さんに尋ねました。「これは一体、どうしたことなのでしょう。この火は、降りかかる雪のように冷たいのです」

そうすると、お坊さんは透き通った鈴を振るような声で、「賢いウサギよ、私はあなたの清らかな心を知ろうと思って、こうして来たのだ。その火は、本当の火ではない」と言って、森を囲んでいる木々を手に握りしめて、その出てきた墨汁で、「ウサギの美しい心を世界のすべての人々に知らせよう」と月の表面にその可愛いウサギの絵を描いて、姿を消されたと言います。

そんな不思議な出来事があった後、サルも山犬もカワウソもウサギと一緒に、いつものように森の広場に集まって、「ウサギさん、あんたとそっくりのウサギさんが、ホラ、お月さまの中にいるよ」と楽しく語り合い仲良く暮らしました。

月のウサギ

オウムの友情

インドのガンジス河の岸辺に、芽が出て一千年、蕾を含んで一千年、それから一千年の三千年にいちど花が咲くと伝えられているウドンゲ（優曇華（うどんげ））という樹の生えている森がありました。その森には、多くのオウムたちが仲良く住んでいました。

秋が過ぎ冬が近づいた頃、森の果実も少なくなって、オウムたちは南の国の森に渡っていきました。しかし、一羽の赤い口ばしのオウムは、わずかに残っている木の葉や木の皮などを食べて、決して南の森には行きませんでした。

神さまは不思議に思って、じっとこのオウムをご覧になっていました。

だんだんと冷たい風が吹いてきて、すっかり森の木の葉も落ちつくしてしまったのですが、オウムは木の皮を突いて飢えをしのぎながら、ウドンゲの樹の頂きに住み続けました。

神さまは、その健気な姿に感心し、ガチョウの姿になって森へ降りてこられました。そして、樹の下からオウムに向かって声をかけられました。「あなたの友達は、木の実がなくなると、みんな大急ぎで南の国の森に移ってしまいました。なぜ、あなたはこの森から去らないのですか。どうして、葉っぱもないその樹にとどまっているのですか」

するとオウムは答えました。

「ガチョウさん、お声をかけていただいてありがとう。このウドンゲの樹は、暖かい時には沢山の美味しい実を与えてくれます。そして、緑の大きな葉っぱで私たちを包んでくれます。いま、枯れ木のようになって寒さに耐えていますが、ウドンゲの樹は私の親友です。友達の中の一番の友人なのです。楽しい時も苦しい時も一緒にいたいのです。自分の生命の恩人を離れて去ることなどとてもできません」

ガチョウの姿のままで神さまは、その言葉を聞いて、すっかり嬉しくなり、「あなたに何か贈り物をしましょう、なんなりと心に望むものを言ってください」と言いました。

「私はこうして大切な生命をいただいて、今日このように生きています。それだけで充分なのですが、三千年にいちど花が咲くというこのウドンゲの花を見たいのです。ガチョウさんも私と一緒になって、神さまにお願いしていただけませんか」

と、ガチョウのそばに舞い降りて一緒に祈りました。

すると、どうでしょう。ヒマラヤ（雪山）の頂きから、サァッと清らかな風が吹いてきて、森の木々が梢を揺らし、雪のような真っ白な花がウドンゲの樹を飾って、ダイヤモンドのようにまぶしく光り輝きました。

ウズラの名案

南の国の森の中に、数千羽のウズラが群れをなして住んでいました。

小鳥を捕まえる狩人は鳥刺しといわれ、細長い竿の先にトリモチを塗って、それで小鳥を一羽一羽刺して捕まえるのですが、この森に来る鳥刺しは、葉陰に身を隠して、ウズラの鳴き声を真似て小鳥たちを呼び集め、さっと網を投げかけて、魚を捕るときと同じように一網打尽にして捕えるやり方を発明していました。

そこである日、ウズラのお父さんたちは、森の広場に集まって相談をしました。

「この狩人は、竿ではなく網という新しい道具で、一度に数十羽も私たちの仲間を捕ってしまう。これは私たちウズラにとって、最も危険な鳥刺しだ。このままでは、ウズラ族は絶滅してしまうだろう、何かいい知恵はないものか」と。

すると、眼鏡をかけていつも本ばかり読んでいる学者風のお父さんが、手を挙げて言いました。「それには、ちょっとした名案がある。狩人が網を投げかけたら、決して慌てないで、すぐさま銘々が網の目の中に首を突っ込んで、呼吸を合わせ、目で合図して、いっせいに飛び立つ。みんなで心を合わせて、網を鳥刺しの手の届かない、できるだけ高い樹の上まで運んで網を広げ、その後はそれぞれに網の目から首を抜いて逃げれば良い」「なるほど、これは素晴らしい方法だ。さっそく、今日から試してみよう」ということになりました。

何も知らない鳥刺しは、「きょうは、いやにたくさん獲物たちが集まっているな、しめ、しめ、」と網を広げて投げかけました。バサッと網の音がしますと、ウズラたちは打ち合わせ通り、慌てないで、みんなで力を合わせて網をかついで飛びあがり、鳥刺しの頭の上をかすめ、高い茨の上に網をひっかけて、バンザイを叫びながら逃げてゆきました。

次の日も、つぎの日も、うまく成功しました。ウズラたちは、すっかり有頂天になって、鳥刺しの呼ぶ声を聞くとあざ嗤うようになっていました。

鳥刺しは悔しくて堪まらないのですが、これといって打つ手が浮かびません。

「万事、そうそううまくゆく筈がないんだ。ウズラたちだって、いつまでも仲良く力を合わせて網を持ちあげることなんかできるわけがない。ここは我慢だ。我慢して待とう」と自分に言い聞かせようとするのですが、幾日も獲物が採れないので、食事も喉を通らないほどでした。

そんなある日でした。鳥刺しの残したおにぎりが、ウズラたちの目に入りました。鳥たちは、最初はニコニコしながらみんなで分け合って食べていたのですが、残り少なくなって、とうとう羽を広げて取り合い合戦が始まりました。そして、鳥刺しの網を持ちあげる力競べを争い、お互いの羽を飛べなくなるまで傷つけ合う破目になってしまいました。

鳥刺しは、「ウズラも人間と同じだ。我慢して待った甲斐があった」と、その様子を木陰で、じっとほくそ笑みながら見ていました。そして頃合を見計らって、思い切り網を広げて打ちました。ウズラたちは後悔したのですが、間に合いません。あとの祭りでした。

鳥刺しは、またその日から、また重いウズラの袋を背負って森を出ていくようになったといいます。

サルの庭番

インドの聖地バナラシーの宮殿の森に、たくさんの子ザルが住んでいました。そして、バナラシーの街は賑やかな夏祭りが幾日も続いていました。遠くから聞こえてくる笛や太鼓の音に、宮殿のお庭番は胸が躍って仕方がありません。

そこで、お庭番はサルの先生のところへ行って、「ちょっと祭りを見に行きたいのだが、大切な庭の苗木に水をやらなければいけない。あなたたちは、いつも庭の花や木の実を取って食べているのだから、今日からしばらく水をやってくれまいか。しかし、この夏の日照りで水が少なくなっているから、大事に水をやってくれ」と頼みました。

先生は、「よくわかりました。いつも、庭で楽しく遊ばせていただいているのですから、お礼のしるしにやりましょう」と快く引き受けました。お庭番は喜んで、皮の水袋や木の手桶など水汲み道具をサルの先生に預けて、いそいそと遊びに出かけて行きました。

そこで先生は、まず子ザルたちを集めて、「この庭の苗木は、大きくなったら私たちの大好きな木の実がなる。だから大事にして、枯れないように水をやらなければならない。だが、この暑さで水が少なくなっている。だから水をやる前に、苗木の根っこの大きさをよく調べ、根を深く下ろしているものには水を沢山やりなさい。根の小さいものには、少しでよい。水が大切だから、気をつけるように」とよくよく注意を与えました。

子ザルたちは、さっそく教えられたままに苗木を一本一本ていねいに抜き取って、根の大きさをしらべ、砂を振るって水をやり、もとのように植え付けて、土をかぶせました。

翌日も、またその次の日も、同じように根っこを抜いて水をやりました。

ようやく夏祭りが終って、バナラシーの街に静けさが返ってきました。

お庭番は、たいそう満足した気持ちで、サルの先生にお礼を言おうと宮殿の庭に出て行きました。

すると、どうでしょう。苗木は、どれもこれも小枝を垂れて弱々しく、いまにも倒れそうな姿で立ち並んでいました。

※助長（苗の成長を助けようとして無理に引き伸ばし、根を抜いてしまったという「孟子」の故事から）不要な助力をしてかえって損なうこと。

ウサギの悪夢

インドのベンガルの海辺の森に、一匹のウサギが住んでいました。

ある日、ウサギは、大きなナツメ耶子の樹の下に寝転びながら、あれこれと、もの思いに耽っていました。

「もし、私が片ひじをついて寝そべっているこの柔らかい大地が、ザクロの実のように割れてしまったら、私は何万キロも深い谷底に落ちてしまうだろう。こわい、こわい。

もし、この地球が壊れてしまったら、私たちはどうなるんだろう。くわばら、くわばらだ。もうそんなこと考えないことにしよう」

そう自分にいい聞かせて、ウトウトとしていましたが、何かの拍子に片ひじがはづれて、ドンと頭を打ちつけた時でした。

〝ドドッ、ドドッ〟という大きな音と同時に、大地が揺らいだのを知りました。

ウサギは、慌てて飛び起きました。

「大変だ。大変だ。やっぱり大地が割れた。地球が壊れてしまう。助けて、助けて！」

と大声で叫んで、うしろも見ないで一目散に駆け出しました。

その様子を見て、もう一匹のウサギが声をかけました。

「何が大変だ。〝エエッ〟大地が割れた。そりゃあ大変だ」と言いながら、前のウサギの後を追いました。

森の中は、〝大変だ、大地が割れた。地球が崩れる〟という声が木々に谺して、拡声器のように響き渡って騒然となりました。

昼寝を楽しんでいた何千匹のウサギたちも、いっせいに立ち上がり、海の方へ向って列をなして走り始めました。

それを見ていた一頭のシカも、何か恐ろしさを感じてわけも分からず後を追い始めました。恐怖は、悪い伝染病のように森の動物たちを襲いました。

そうなると、何がなんでも我先にというように、シカ、イノシシ、牛、水牛、サイ、トラ、象、ライオンまでもが走り始め、森は、もうもうとした砂煙と地響きで戦場のような有様になりました。

「どうしたんだ、いったい何があったんだ」

「いや、よく知らないが、地球がなくなるそうだ」

「そりゃ、大変だ」

「それで、どこへ行くんだ」

「どこへ行くかって、そりゃ、みんなが行く方さ」

「みんなが行く方っていうが、この森を出たら海だよ」

「そうだ、大きな海だ」

「海へ行ってどうするんだ」

「それは、分からねえ」

この突然の騒動を、岩の上でじっと見ていた年老いた一匹のライオンがいました。

〝このままでは森の動物たちは、海へ入ってみんな死んでしまう〟。とっさにそう思ったライオンは、岩の上から飛び降りると、まず、森の中で一番、物分かりの良いゾウさんに近付いて、一緒に走りながら尋ねました。

「誰が最初に、大地が割れたなどと言ったんだ」

「それは知らない。前を走るトラさんに聞いてくれ」

「トラさん、誰が?」

「サイさんに聞いてくれ」

「サイさん、誰が?」

「牛さんが知っているだろう……」

年老いたライオンは息を切らせながら、先頭のウサギに追いつきました。

そして、その前に立って、三度、大音声で唸りました。

「止まれ、止まれ、止まれ!」

急停止した動物たちは、追突し合い重なり合って、ようやく止まりました。

ライオンは、ウサギに尋ねました。

「大地が割れたと言ったのは、お前か」

「はい。私は、大地がドウ、ドウッといって壊れる音を聞きました」

「お前は、どこでそれを聞いたのだ」。ライオンは、重ねて尋ねました。

「森のナツメ耶子の木の下です」

「大地が壊れたのを見たのか」

「いや、恐ろしくて、後も見ないで走りました」

ライオンは、ウサギを自分の背中に乗せると、「さあ、お前のいうナツメの耶子の木に案内しろ」と言いました。

皆も、その後について行きました。

森の中へ引き返すと、ウサギは恐るおそる耶子の木を指さしました。ライオンは木の下に行って、ゆっくりと一回りして、転がっているナツメの実を拾いあげました。

「ウサギさん、大地はどこも割れていないよ。よくご覧よ。ドドッと音がしたというのは、きっとこのナツメの実が落ちた音だろう。みんな安心するがよい。

ウサギさんはうたた寝をしていて、怖い夢を見ていたのだろう。

その悪い夢とナツメの実が落ちた音とが重なって、びっくりしただけだ。

私たちが住んでいるこの森も、そして地球も、これは神さまの家なのだ。だから、もし何かが起きたら、真っ先に神さまに相談しなければいけない。

それをしないで自分勝手に考えるから、きょうのような大騒動になってしまう。

ウサギさんは気持ちが優しいから、ウサギと皆のことを心配して駆け出したのだろう」

ライオンは威厳のある声で、ウサギと皆を見渡しながら、そう言いました。

ウサギは、小さく体を縮めながら、皆に心からお詫びしました。

すると、シカが立ちあがってライオンに尋ねました。

「もし、ほんとうに、もしもですが、ウサギさんが心配したように、この地球が壊れてしまうことがあるのですか」

ライオンは凛々しい声で、「だから私たちは、私たちの住んでいるこの森を大切にしなければならない。

それでもシカさんの言うように、この地球が壊れてしまう時があるかも知れない。外国(とつくに)でも、いまにも天が落ちてくると心配した人もいたと聞いている。その時は、きっと、また多くの神さまが集まって相談をして、新しい私たちの住む星を造ってくださるだろう。そのように、皆で手を合わせてお祈りをしましょう」と諭しました。

※杞憂　中国の杞の国人が天が落ちてこないかと心配した故事による。未来のことについて無駄な心配をすること。

聖なる鹿の約束

インドの聖なるガンジス河の岸辺の、マンゴーの樹の花が美しく咲き乱れている森に、ルルという名の金色の鹿が、多くの動物たちと一緒に楽しく住んでいました。

ある日の夜のことでした。ルルが群れを離れて、マンゴーの樹の下で目を閉じて佇んでいますと、ドゥー、ドゥーという河の流れの音にまじって、かすかに人の呼ぶ声が聞こえてきました。何か、「助けて！」と叫んでいるようにも聞こえてきました。ルルは、とっさに駆けだしました。

それは、まるで金色の矢が飛んでいるようでした。河岸に立ってよく見ますと、激流の中を一人の男が流されて行って、必死になって助けを求めているのが目に入りました。

ルルはいままで、このように岩を噛むような激しい流れの中を、一度も泳いだことがありません。ルルは、とうてい自分の力ではこの人を助けることはできないだろうと思ったその瞬間でした。ルルの体は、流れの中に飛び込んでいました。

あちらの岩に足をぶっつけ、こちらの岩に背中を打たれながらも、ルルはあらん限りの力を振り絞って男に近づき、ようやく男を自分の背中に乗せると、流れに沿って岸にたどり着きました。

ルルは、気を失っている男を自分の住家に連れて帰り、体を温めたり果物を与えたりして手厚く介抱しますと、男は二、三日もすると元どおりの元気な姿になりました。

「助けていただいて、本当にありがとうございました」。男は繰り返しお礼と感謝の言葉を述べ、「あなたが私の生命の恩人であることを、終生忘れることはありません」と誓いました。ルルは、町が見える峠まで男を見送りながら、男に一つの約束を求めました。それは、「決して、自分がこの森にいることを誰にも言わない」という約束でした。「そんなことは誰にも言いません」と男は固く約束しました。

男が、町に帰りついたその日のことです。

その国のお妃さまが、病の床で不思議な夢を見ました。

金色に輝いた鹿が枕元に現れて、自分に優しい声で、人の生きる道や生きとし生けるものみなの生命の尊さを、よくよく教えてくれたというのです。お妃さまは、どうしてもその鹿に会いたくなり王さまにお願いをしました。

「王さま、金色の鹿をぜひ探してください。この願いが叶えられないならば、私は生きていることはできません。どうかお願いします」。王さまは、愛しい妃のことですから快く承諾されましたが、妃から鹿の教えたお話をお聞きになると、自分もその鹿に会ってぜひ教えを聞きたいと思うようになりました。

そこで、国中にお触れを出しました。「森の中で、金色の鹿を見た者はいないか。どこにいるのか知らせた者には、褒美を沢山に与えよう。美しく飾られた象の背中に、黄金の小箱を乗せ、千金を入れて象と一緒に与えよう」と書いて町のあちこちに貼り、大勢の家来に触れ歩かせました。

まもなく、一人の男が現れました。あの夜、ルルに助けられた男です。

「王さま、私がその金色の鹿のいる森を知っています」

「それは、ほんとうか」

「ほんとうですとも、王さま。私が、その金色の鹿のいる森を教えたら、きっと飾られた象の背中に乗せた黄金の小箱を下さるのですね」と念を押しました。王さまは、「私の約束だ」と家来たちを前にして約束しました。

王さまは、家来たちに鹿狩りの用意をさせ、自分が先頭になって森に向って行きました。家来たちが森に入って行くと、森の動物たちは、その物々しさに驚いて、いっせいに森の奥へ奥へと逃げ出して行きました。弓に矢を番えながら家来たちが、さらに森の中へ入って行くと、あたりがぽうっと明るくなっている小藪がありました。

「王さま、あれが金色の鹿です」と男が明るくなっている方を指さしますと、ルルは勢いよく王さまの前に走り出てきました。

ルルの体は、金色に輝いてまばゆいばかりでした。いままで一度も見たこともない不思議な光景に、王さまも家来たちも一瞬ひるんで後ずさりするほどでした。

ルルは、琴を弾くような透きとおった美しい声で、王さまに尋ねました。

「王さま、誰が私がこの森にいることを告げたのですか」

王さまが、木の陰に蹲っている男を振り返ると、男は初めて呻くような声でルルに向って言いました。

「赦してください。あなたにあの夜、河の中から助けていただいた御恩は決して忘れたわけではありません。あなたとの約束も覚えております。それが、それが…、王さまの下さるご褒美の黄金に目が眩んでしまったのです。どうか赦してください」と泣きだしました。

王さまは男の話を聞いて、怒り狂ったように「おまえは、なんという恩知らずな人間なんだ。この心の汚れた男を射殺してしまえ」と家来に命じようとしますと、ルルは王さまに一歩近づいて、「王さま、どうかこの男を殺さないでください。心の清く正しい人は、決して殺生などしないものです。この男を赦して、自由にしてあげてください。そして、約束どおり褒美を与えてください。私は王さまのお心のままに従います」とリンリンとした言葉で頼みました。

王さまは、ルルの真っ白い綿のような柔らかい大きな大きな心に打たれて、ルルの前に跪いて思わず両手を合わせました。

ルルは妃の病を癒し、王宮の聖家族となって、共に生涯を過ごしたと語り継がれています。

無弦のびわ

その日、インドの南の方にある港町は、夏の祭りで賑わっていました。

ベンガル湾から吹き寄せる潮風は異国の香りを運び、家々の窓を飾る赤い花々の彩りと、屋台店の料理の強い香辛料の匂いが立ちのぼり、往き交う人たちでごったがえし、大道芸人たちの曲芸や音楽が囃し立てられて、見世物小屋はどこも満員でした。

遠くバナラシーの都から、外国の珍しい貿易品や魚の乾物などを買い求めにやってきていた商人たちも、この日ばかりは商売を休み、町で評判の若いびわ師を宿の庭に招いて楽しむことにしました。

招かれた若いびわ師はムーシラといって、外国の音楽などを取り入れて、さまざまに演奏するのが得意でした。

ムーシラは、都から来た商人たちに、自分の新しい音楽を聞かせて驚かせ、都に上ってインド一番のびわ師になることができる絶好の機会だと考えて勇み立っていました。

ムーシラは、弦を一番高い調子に合わせて、力を込めて弾きはじめました。

商人たちも、その勢いに押されて最初は聞き入っていたのですが、だんだんと退屈してきました。ムーシラは、その様子を見て、これは少し調子を高くしすぎたかなと思って、次の曲は少し弦をゆるめて弾きました。

しかし、商人たちは耳を澄まして聴き入るどころか、勝手に話をしたり、居眠ったりしていました。

ムーシラは、もう我慢ができません。一番前で居眠っている商人の胸倉をつかまえて、「都の奴らには、音楽を聞く耳もないのか、耳無し奴め！」と大声で喚きました。

すると、一人の年老いた商人が「若いびわ師さん、そう怒らなくてもよい。私たちは、都で名高い王さまの音楽師であるグッティラという人のびわをいつも聴いているものだから、お前さんのびわの音は、ちょうど赤ん坊をあやす子守唄のようで、うとうとしてしまったわけだよ」と諭しました。

ムーシラは一瞬〝ムッ〟としましたが、何か冷たい水を頭からかぶったような寒さを覚えて、立ち竦んだままでした。商人たちは、それぞれに引き上げて行きました。

ムーシラは漸くわれに返って、その老いた商人を追って、そこで悔しい気持を必死に堪えて、自分を都に連れて行って、そのグッティラというびわ師に会わせてくれるように頼みました。

祭りが終って、ムーシラは商人に連れられて都にやって来ました。

グッティラは、王さまの音楽師にはそぐわない質素な家に、盲目の両親と一緒に住んでいました。グッティラは、その盲目の両親が自分を生んで優しく育ててくれたことを、小さい時からいつも考え続けて、それでびわを習いはじめ、王さまよりも両親に聴いていただき、両親が喜ぶ笑顔を見るのが楽しくて一所懸命に学んできました。

ムーシラはグッティラに会うと、「自分を弟子にしてくれ」と頼みました。

グッティラは、「私は目の見えない両親のために、びわを弾いているのですから、私には、あなたのような音楽師にお教えするものは何もありません」と断りました。「ですけれど、あなたは王さまの音楽師ですから、インド一番のびわ師でしょ。私も王さまの音楽師になれるよう弟子にしてください」と熱心に頼み込み、優しいグッティラの心につけこんで弟子入りをしてしまいました。

月日はまたたく間に過ぎ去って、グッティラもそろそろ老いを感じるようになっていました。

ムーシラは師の芸を一通り習い覚えると、もう一人前の音楽師になったような高慢心がむくむくと腹の底に渦巻いて、何か良い機会はないものかと探っていました。

そんなある日、ムーシラは師のお伴で王さまの宮殿に行くことになりました。

ムーシラは、いよいよ自分の出番が来た事を知り、王さまにお目にかかると矢庭に、「自分を師と同じように、王さまの音楽師に雇ってください」と申し出ました。

王さまは、「グッティラも少し老いたようだから、それもよかろう。ただし報酬は、グッティラの弟子だから半分でよかろう」と言いました。

ムーシラは慌てて、「いや、私は師の芸は全部習い覚えました。自信があります。ですから、報酬は師と同じにしてください」と重ねて申し出ました。

王さまは、ちょっと驚いた顔をしながら、「そこまで腕前に自信があるというなら、グッティラと腕比べして、皆で聴いたあとで決めよう。グッティラはどう思うかな」と訊かれました。

グッティラは、事がそのように運ぶのを、ただハラハラして見守っていましたが、「私は腕比べをするために、弟子にしたのではありません。私が王さまに音楽を聴いていただくのは、それによって王さまの心が少しでも安らかになり、民衆のために正しい良い政事（まつりごと）をしていただきたいと思ってきたからです。腕比べなど、滅相もありません」と申し上げました。

王さまは、「お前のその清らかな気持ちは、自分にもよく分かっている。そのお陰で、今日まで民衆が喜ぶ良い政事ができたことを感謝している。しかし、私も時折り、考えていたのだ。グッティラの素晴らしいびわの音を私たち宮殿の者だけではなく、多くの民衆たちと一緒になっていつでも聴くことができれば、この国がもっと良くなり、みんなで喜びを分ちあうことができるというものだ。これは、願ってもない良い機会だ。今晩の夜空は半月だが、この次の満月の輝く夜に、皆を宮殿の庭に招こう」と早々と街にお触れを出してしまわれました。

グッティラは、「私のびわは、私の両親を慰めるために習い始めたので、皆を喜ばせることなど到底できないことです。まして、弟子との腕比べなどと…」言葉を出そうとしましたが、どうすることもできませんでした。

月はだんだんと大きく丸くなりはじめて、その夜が一日一日と迫ってまいりました。グッティラは、どうすればよいのか、月を仰ぎながら眠れぬ夜を過ごしていました。

すると、ある夜、森の木の下で佇んでいますと、木の梢の上の方から呼びかけるように透き通った声が聞こえてまいりました。

「何も悩むことなぞない。いつも両親に聴かせたように、集まった者、皆が、今夜は自分の両親であり王さまだと思って、びわを弾くがよい。それから弟子との腕比べを厭がっているようだが、案じることはない。私が一つの秘策を授けよう。弾きはじめた途中で、弦を一本切って弾きなさい。それでも、びわは七弦と変わらない音色を出すだろう。それを見れば、弟子のムーシラも真似をして弦を一本切るだろう。でも、彼のびわからは音は出ない。

おまえのびわから出る音は、天上から出る音なのだ。おまえの澄んだ心の音なのだ。だが、そこでやめずに次々に弦を一本づつ切って弾きなさい。そして、びわの胴だけになってもなお弾き続けなさい。七つの弦の切り口から流れる音色は、いよいよ美しく都の隅々まで響き渡るだろう」と。

さらに続けて、「さて、その響きが都に流れたら、いまおまえに授ける三つのサイコロを、一つづつ夜空に向って投げなさい。一つのサイコロを投げると、三百人の天女が舞い降りて、おまえを讃えるだろう。二つ投げれば、また三百人、三つ投げれば、さらに三百人の天女が舞い降りて都を包むだろう」

グッティラは、呆然としてその声を聞いていました。握っていた汗ばんだ手を開きますと、言われたように三つのサイコロが掌の中にありました。

いよいよ、満月の十五夜がやってきました。都の人たちは、一人残らず宮殿の庭に集まってきました。グッティラの両親も、近所の人たちに手を引かれてやって来ました。

腕比べの演奏会は、不思議な声の通りに、ちょっとの狂いもなく進んだといいます。

雪山童子の詩（うた）

ある時、ヒマラヤの麓の林の中で一所懸命に修行をしている一人の雪山童子（せつざんどうじ）の前に羅刹（らせつ）（人喰鬼）が現れました。

そして、次のような歌を唄いました。「すべてのものは、みな移り変り、生まれては滅びる」。童子はこの歌声を聞き、喉が渇いたものが水を得たように、われに帰り、だれがこの尊い歌を唄ったのだろうかとあたりを見渡しました。

しかし、そこには恐ろしい姿をした鬼しかいません。怪しみながらも鬼に近づいて、「さきほどの歌は、あなたの唄った歌か、もしそうなら、その続きを聞かせて欲しい」と頼みました。

鬼は、答えました。「そうだ、わしの歌だ。しかし、わしはいま飢えているから、何か食べなくては唄えない」

童子は、「どうか、そう言わずに、続きを聞かせてもらいたい。あの歌には、わたしの求めている尊いものがある。どうか残りの歌を教えていただきたい」ともう一度頼みました。

鬼は、言いました。「もし人の温かい肉と血を食べることができるならば、あの歌の続きを聞かせよう」

雪山童子は、「続きを聞かせてもらえるならば、聞き終わってから、自分のこの身体を与えるだろう」と約束しました。

そこで鬼は満足そうに、「すべてのものは、みな移り変わり、生まれては滅びる。生滅（しょうめつ）に囚われる心がなくなれば、静けさと安らぎが生ずる」と残りを唄い、歌は完全なものとなりました。

童子は、生きとし生けるものすべての生命のこの歌を木や石に彫りつけ、やがて木の上に昇って、約束したように身体を躍らせて鬼の前に飛び降りました。

その瞬間、鬼の姿は消えて、童子の身体は柔らかい真綿のような神の手に受け止められていました。

（施身聞偈（せしんもんげ））

薩埵太子の愛

遠い昔、薩埵太子（さったたいし）という王子がいました。ある日、二人の兄の王子と雪山（せつざん）（ヒマラヤ）の麓の森の中で遊んでいると、七匹の子どもを産んだ虎のお母さんが飢えに迫られて、あわや自分が産んだわが子を食べようとしているところに出逢いました。

二人のお兄さんの王子は、それを見ると恐れをなして逃げ出してしまいましたが、薩埵太子は小さい体に勇気を振るってお母さんの虎に近づき、じっとその目を凝視（みつ）めました。

お母さん虎は、やがて太子の優しい心が分かったのでしょうか、肯（うなず）くようにその目を閉じました。

太子は、とっさに身を翻して側の岩壁によじ登り、白い上衣を脱ぎ、それを樹の枝にかけ、「どうか、この私の身体を飢えたお母さん虎に与えて、子供たちを救ってください」と一心に祈って崖下に身を投じました。

太子の心は、ただ一筋の慈悲と、その愛を求めていました。

「この私の身体は、傷つきやすく砕けやすい。いままでは施すことを知らず、ただ自分を愛することばかり考えてきた。いまこそ、この身体を捧げて仏様の尊い生命（いのち）をいただこう」

こう決心して、王子は飢えた虎にその身を与えたのです。

（捨身飼虎（しゃしんしこ））

雪山偈

雪山童子が、雪山において羅刹（食人鬼）から聞き伝えたとされる偈（詩句）、「諸行無常、是生滅法、生滅滅已、寂滅為楽」（作られたものはすべて無常である。生じては滅していくことを本性とする。生滅するものがなくなり、静まっていることが安らぎである）の四句からなります。

この偈は「諸行無常偈」の名でも知られており、「いろは歌」はこの偈の和訳とされています。

雪山偈

いろは歌

「いろは歌」は、七五調を四回繰り返す、平安時代末期の「今様」という歌謡形式に従って作られています。四十七文字で「わかよたれそ」の部分が字足らずになっています。五十音図に馴染んだ私たちの世代でも、「いろは歌」を唱えることはできます。しかし、今では最後まで唱えることのできる若い人は少ないようです。

「いろは歌」は、「いろはにほへと　ちりぬるを　わかよたれそ　つねならむ　うゐのおくやま　けふこえて　あさきゆめみし　ゑひもせす」。「けふ」を「きょう」とは読まないで、濁音もありません。

「色はにほへど　散りぬるを」。花の色は鮮やかに映えるけれど、散ってしまうものなのに。「にほへ」は匂うのではなく、映えるという意味です。

「我が世たれぞつねならむ」。私たちの生きているこの世で誰が、何が移り変わらない物があろうか、すべてが移り変わるという。

「有為の奥山今日越えて」。様ざまなこの世の山坂を越えることを、このように表現しています。

「浅き夢見じ酔ひ（えい）もせず」。儚い夢など見るまい、仮の世界に酔うてなどいないという決意です。

この「いろは歌」の作者は弘法大師ともいわれていますが、読み人知らずのようです。

施身聞偈図

捨身飼虎図

山背大兄王の捨身

わが国の、応神朝四百年に百済から王仁、阿直岐が来朝し、論語と千字文が伝えられました。漢字と儒教の伝来です。

次いで五三八年には、百済の聖明王から仏像および経論が送られてきました。

聖徳太子は、用明天皇の第二皇子で、廐戸豊聡耳の皇子、上宮太子とも称されましたが、（聖徳は諡です）。五九三年、十九歳で、叔母推古天皇（女帝）の摂政皇太子となられました。

推古記に、その年高麗の僧恵慈、さらに百済の僧慧聡の渡来が告げられています。

太子は両僧を師として共に豪族による支配を廃して、十七条憲法を制定され、天皇を中心とする中央集権の国家体制の礎を築かれました。

その上に仏教を深く学ばれ、三経義疏（勝鬘経、維摩経、法華経）の注釈をお書きになり、この地上にその天寿国を作ろうと夢見られました。それが世界最古の木造建築、法隆寺の建立です。

仏教の究極の理想は、法隆寺に伝わる玉虫厨子に描かれた捨身飼虎図のとおり、飢えた虎の母子にわが身を投げ与えた薩埵太子の行った自己犠牲です。

自分の身を捨てて人々を幸福にしようとするこのような行為は、誰にでもできること
ではありませんが、事あれば捨身、捨命できるよう覚悟して生きていく、これこそが仏
教の根本であると、聖徳太子は日頃、王子の山背大兄王に教えられていたといいます。

太子の薨去の後、蘇我氏の専横は日増しに強くなってゆきました。「日本書紀」によ
れば、六四三年蘇我入鹿は斑鳩宮に山背大兄王を襲撃しました。

山背大兄王は戦おうという周りの人々の進言に、「私はここ十年は百姓を使役しない
と決めていた。私一身のゆえに、どうして万民を煩わし労することが出来ようか。後世
に、民が私のせいで父母を喪ったと言ってほしくない」「されば、吾が一身を入鹿に賜
う」と言い残して、上宮王家の一族二十余人は法隆寺に入り、そろって自らの命を断
たれました。

この世の天寿国である法隆寺に詣でますと、千三百年の荘重なレクイエムが、今も美
しい大伽藍いっぱいに鳴り響いているようです。

対談

久慈倫太郎
（童話作家）

鈴木啓子
（フルブライト留学生として、州立ミシガン大学にて言語学を専攻。卒業後、英語通訳として活躍。現在、インテリジェンス・アカデミー理事長。エグゼクティヴ・メディカル・クラブ理事長。中東アジア通訳協会主幹）

ことだまの
エクリチュール

序の段――――

久慈　書棚から神典（かみのふみ）を取り出して、塵を払いページを捲ろうとした時でした。遠く忘れ去っていた記憶が蘇ってきました。
「稽古」と「照今」という言葉です。
それは太安万侶が書いた古事記（ふることぶみ）の序の中にある「古（いにしへ）を稽（かむが）へて、以て風猷（ふういう）を既に頽（すた）れたるに縄（ただ）し、今を照して以て典教を絶えむと欲するに補はずといふこと莫（な）し」という大変難しい文章ですが、いにしえを鑑み風教道徳のすでに崩れてしまったのを正し、今を照らして道と教えの絶えようとするのを補おうということです。

鈴木　言葉の蘇生ですね。いま私たちが使っている「ケイコ」「ケイコゴト」とは、ちょっと違った深みのある言葉ですね。照今を合わせて「稽古照今（けいこしょうこん）」と熟字して考えると、もっと意味が重くなりますね。

久慈　その後に、「飛鳥清原大宮（あすかきよみはらおおみや）に大八洲（おおやしま）御（しろしめ）しし天皇（すめらみこと）の御世に」と天武天皇のおでましです。天皇が「帝紀および本辞」が誤りを多く含むようになっていることをお嘆きになり、それを正そうとして、稗田阿礼（ひえだのあれ）に「帝皇の日継、及び先代の旧辞」を誦み習させたと続きます。

鈴木　帝紀は天皇家の代々の系譜を中心にしたものでしょうが、本辞は旧辞とも言いますね。おなじように、神話とか歌謡などの伝承なのでしょうか。

久慈　そうですね。天皇の諡号、陵墓なども含んでいるようです。

さらに、天皇は「諸家の賷（も）たる所の、帝紀及び本辞、既に正実（まこと）に違（たが）ひ、多くの虚偽を加ふと」「故（か）れ惟（こ）れ帝紀を撰録し、旧辞を討覈（たうかく）して、偽を削り、旧辞を定め、後葉（こうえふ）に流（つた）へむと欲すとのたまふ」。これは天皇のお言葉、勅語なのですよ。

諸家は多くの大小の豪族、氏族です。その氏族たちが持っている帝紀、旧辞は間違いが多い。このままではわが国の歴史がどのように動いてきたのか、ほんとうのことが分らなくなってしまう。

帝紀、本辞がどのようであるかということは政事（まつりごと）をしていく大切な基本であるから、ほんとうに上つ代（かみつよ）からの語り継がれた古語（ふるごと）による正しい歴史を作ろうということです。

鈴木　「時に舎人有り、姓は稗田、名は阿礼、年は是れ廿八、人と為り聡明にして、目に度（わた）れば口に誦み、耳に拂（ふ）るれば心に勒（しる）す」と書かれています。いちど見たらすぐ口で誦することができ、いったん聞いたら忘れないというのです。

稗田阿礼は虚構された人物だという説もありますが、まさに言語の天才ですね。文字は言語に及ばないといわれます。上古は文字がなかったのですから。古語拾遺には、「上古の世未だ文字有らず、貴賤老少口口に相伝へ、前言往行（ぜむげむわうぎやうそむ）存して忘れず」とあります。その口伝が今の古事記のような筋書きと云いますか、原型（プロトタイプ）となったのはいつ頃のことなのでしょう。

久慈　おおよそ、2世紀から3世紀の古墳時代だろうと推定されています。それを天武天皇は阿礼を相手にして自らの誦みを口にうつさせ、帝紀、本辞を古語にかえして口に伝え、口にうつさせ、よく誦み、習わせたといわれます。

もうこの時代、舎人たちは官文書を漢文で書きなれていたから、古語である大和言葉で書くことはなお難しかったようで、まず、口によく誦み習わせた後に、その言葉のままに書き写させようとされたのが天皇の叡慮であったのでしょう。「然れども運(とき)移り、世異(かわ)りて、未だ其の事を行はざりき」。しかしながら世の中が変わってといっていますが、これは天皇がお隠れになったからだと思います。それで、古事記が編纂出来なかったといっているのです。

鈴木　そうですね。それで大和時代が終わり寧楽(なら)時代に入って、飛鳥から藤原京そして平城京に遷都された最初の天皇である元明女帝の詔によって、安万侶が、阿礼の誦むところの旧辞、本辞を撰録して献上した。

序文に「上古の時、言(ことば)意(こころ)並びに朴(すなほ)にして、文を敷き句を構ふること、字に於きて即ち難し。已(すで)に訓に因りて述べたるは、詞(ことば)心に逮(およ)ばず、全(また)く音を以ちて連ねたるは、事の趣更に長し。是(ここ)を以ちて今、或(ある)は一句の中に、音訓を交へ用ゐ、或は一事の内に、全く訓を以ちて録(しる)しぬ」と。

話し言葉（parole）を、書き言葉（écriture）にするのはなかなか難しい。言葉は余情を含んでいますから。まして、大和言葉を漢文に直すと、本来の意味が失われてしまう。そうかといって古語をそのまま一字一音式に漢字で書いていくと、長くなってしまう。文字なき上古の父祖たちから聞き継ぎ語り継ぎ伝えられた、五十音の音声があり、その字（もじ）の文（あや）もかざらず古事記は古語そのままのエクリチュールで、どのように表現するかです。安万侶は、じつに苦労したと書いています。

久慈　幸いにも、古語がまだ幽（かす）かに残っていた時代だったんですね。

第十五代応神天皇の御世（４００年）に、百済より阿直（あじき）、王仁（わに）という二人の博士によって論語や漢籍などが献上された。これがわが国に漢字漢文が入った初めです。それから三百年近く経ったその頃のことですが、漢字の音（おん）を知らないでは漢籍を読むことはできない。まして訓（くん）がなければ、その文の意味が分からない。

わが国の古語の正しい五十の音声と、それに基づく漢字漢文をどのように当てはめるかは容易なことではなく、大事業だったのでしょう。漢文に対する、敷島の大和言葉の美しい口誦のエクリチュールです。

本居宣長翁は、天武天皇が自らの「大御口（おおみくち）」をもって語り部である阿礼に「上（かみ）つ代の清らかなる正実（まこと）」の誦みを口移しで教えられた。それが、この古事記の最も尊いところであると『古事記伝』で讃嘆しています。

鈴木　古事記はそのようにして和同五年（７１２）に献上されていますが、来年（２０１２）はその１３００年目に当たりますね。

日本書紀は、八年後の養老四年（７２０）に舎人親王を中心として安万侶など多くの官人、そして中国、朝鮮からの帰化人によって筆録され、元明女帝の次の元正女帝に献上されています。この二冊の書は記紀と呼ばれていますが、どこがどう違うのでしょう。

久慈　古事記のほうが古くて日本書紀のほうが新しいということで、ふつう、記紀というように記を先に書き紀を後に書いていますが、正しくは日本紀（やまとふみまき）だそうです。しかし日本書紀は勅選の歴史書というので、いわゆる正史として重んじられてきました。

その後、江戸時代に国学が盛んになって宣長翁が古事記伝を書き、古事記のほうが優れているといわれるようになりました。

古事記は上、中、下の三巻ですが、特に神代に重点を置いて変体漢文体で編纂されています。

日本書紀は三十巻で、正格漢文体です。その書かれている年代が、神代から始まっているのはどちらも同じです。古事記は推古朝までですが、どうしたことか聖徳太子の十七条憲法には触れられていません。日本書紀は、その後がさらに続いて七世紀末の持統朝まで及んでいます。ですから十七条憲法や大化の改新、白村江（はくすきのえ）の戦い、壬申（じんしん）の乱などは日本書紀に拠らなければなりません。

鈴木　古事記は古語である大和言葉で書くために、いろいろな苦心がされています。日本書紀は、すべて本格的な漢文で書かれています。古事記は古い言い伝えが永く残るように内向け（intensive）ですが、日本書紀は広く中国などを意識した外向け（extensive）な趣向のようです。

宣長翁は、日本書紀は「漢意(からごころ)」の中国風な思想でうわべを飾る言葉で書かれている。古事記のほうは、日本古来の「大和心(やまとごころ)」によって素直に書かれている。ですから、古事記のほうが日本の真実の姿を知るためには、ありがたい書物だと言っていますね。

万葉集に「志貴島の　日本(やまと)の国は　事霊(ことだま)の佑(さき)はふ国ぞ　ま福(さき)くありこそ」(志貴嶋　倭国者　事霊之　所佐国叙　真福在与具――柿本人麻呂)、「そらみつ　大和の国は　皇神(すめかみ)の　厳(いつく)しき国　事霊(ことだま)の　幸はふ国と　語り継ぎ　言ひ継がひけり」(虚見通　倭国者　皇神能　伊都久志吉国　言霊能　佐吉播布国等　加多利継　伊比都賀比計理――山上憶良)と万葉仮名で書かれている歌があります。「事(こと)」と「言(こと)」が同じように使われていますが、古事記、万葉集のほうが事霊(ことだま)の響く御歌(みうた)なども多くて文学的にも親しまれているようです。

久慈　言霊は、大和言葉に宿ると信じられた霊の力です。古代信仰のアニミズムと呼ばれる遊離魂(possession)や、九十九神(つくもがみ)のあり様をよく理解しないといけませんね。

たしかに、日本書紀は漢書や三国志の中の「魏志」を引用しています。百済三書といわれている「百済記」「百済新撰」「百済本記」のような朝鮮との関係の伝承も引用して、本文に添えて「一書に曰く」「別本に曰く」「或る本に曰く」などという書き方がいくつもあって、日本書紀全巻に引用されています。古事記には、ほかの書からの伝承の引用は一切ありません。

日本書紀は、飾り言葉の「漢意」を清く放れて読まなければいけない、古事記はいささかもさかしらを加えず上(かみ)つ代から伝えられたままに記されているから、意(こころ)と事(こと)と言(ことば)もあい合って上古のままの父祖たちの「まごころ」がそこにある、と重ねて宣長翁は強く言っていますが、記紀は日本の同じ上つ代に根ざして種々(くさぐさ)に書かれているので、それぞれに補い合って読んだらよいのではないかと私は考えています。

朝日に映える雲海と高千穂の峰

伊勢・大神宮の宇治橋

敷島の
大和心を　人問はば
朝日に匂ふ　山桜花

本居宣長六十一歳自画自賛像

鈴木　記紀神話ということも言われていますね。神話というのはmythとかmythosという英語の訳語ですが、古語では神語(かみごと)、神語り(かみがたり)というのでしょう。

久慈　日本の神話は主として古事記、日本書紀に書かれていますが、それだけではありません。古語拾遺、風土記にも書かれています。この私たちがいる宇宙、そして自然はどうして創造されたのか、ほんとうに神々が国づくりをされたのか、私たち日本人はいつ、どこから来たのか、そのような聖なる神と人との物語(こととい)が神話であり、古事記は日本民族の生誕の賛歌であると私は考えています。

鈴木　私は、神話はそれぞれの民族発祥のスピリチュアル（spiritual）な泉だと考えてきました。アイデンティファイ（identify）ですよ。

久慈　記紀神話という場合、古事記にも書いてあり、日本書紀にも書いてある、そのような共通する神話もありますが、古事記だけにある神話、日本書紀だけにある神話というふうに三つに分けることができると思います。

例えば、古事記の本文の最初に「天地(あめつち)の初めて発(ひら)けし時、高天(たかま)の原(はら)に成れる神の名は、天之御中主神、次に高御産巣日神、次に神産巣日神」と参神が出てきます。これを、ふつう造化参神といっています。しかし、「日本書紀」を開くと、「古、天地未だ剖れず、陰陽分れざるとき、混沌たること鶏子の如く、溟涬りて牙を含めり」とあり、造化参神のことは「一書に曰く、又曰く」となって、「高天原に生れませる神の名を天御中主尊と曰す。次に高皇産霊尊。次に神皇産霊尊」と書かれています。古事記は「高御産巣日神」と書いていますが、日本書紀には「高皇産霊尊」と書かれています。日本書紀は「皇」という字を当てているので、天皇の祖先の神とする意識が強いわけです。そして、神とは書かないで尊という字を用いています。

鈴木　それは、中国の道教の影響を受けているという指摘がありますね。

道教では重要な神は元始天尊で、そうでない神は佐命という使い方をしています。日本書紀の最初に出てくる神の名は「時に天地の中に一物生れり、状葦牙の如し。便ち化為りませる神を国常立尊と号す」とあります。

イザナギの命・イザナミの命の神名の用字も、伊邪那岐神《古事記》伊奘諾尊《日本書紀》と、伊邪那美神《古事記》伊奘冉尊《日本書紀》と違っています。

クニトコタチノカミよりイザナギ、イザナミ併せて神世七代の天神(あまつかみ)と称するのは記紀両書ともおなじです。イザナギ、イザナミは誘(いざな)いて事業(しわざ)をなすという名のようで、古事記では二霊群品の万物の祖としています。


久慈　天之御中主神は、天の真ん中にあって世界を支配する神で「隠身也(みみをかくしたまひき)」で、高御産巣日神、神産巣日神の二神のムスは（生成）、ビは（霊力）で、産霊(むすび)とは天地をはじめ、すべての物も事もことごとに二柱の神霊によって成り坐(ま)せるものです。

伊邪那美神は伊邪那岐神の妹、二霊の兄妹ですよ。天つ神々は兄妹二柱の神に天の沼矛(ぬほこ)を渡して、「是のただよへる国を修理固成(つくりかため)せ」と詔(みことの)りされた。二柱の神は天の浮橋に立ってその沼矛を指し下し、こをろこをろと画き鳴して、「矛の末より垂落(しただ)る塩、累積(つも)りて嶋と成る」名づけて淤能碁呂嶋(おのごろじま)というとあります。

このオノゴロジマは、淡路島の近くにある小島だといわれています。

破の段――

鈴木　いよいよ国生みの話ですね。二神はオノゴロジマに立って「其の妹伊邪那美命に、汝が身は如何に成れると問ひたまへば、吾が身は成り成りて、成り合はざる所一所在りと答曰したまひき。爾ち伊邪那岐命詔りたまひつらく、我が身は成り成りて、成り余れる所一所在り。故れ此の吾が身の成り余れる所を、汝が身の成り合はざる所に刺し塞ぎて、国土生み成さむと以為ふは奈何にとのりたまへば、伊邪那美命、然善けむと答曰したまひき。爾に伊邪那岐命、然らば、吾と汝と是の天之御柱を行き廻り逢ひて、美斗能麻具波比せなと詔りたまひき」。この掛け合いは、いかがでしょう。

成り成りて成り合わざる所とか、成り成りて成り余る所とか、そして「みとのまぐわい」ですね。神代の人の性の表現の奇抜さは面白いですね。そのユーモアには驚かされます。

久慈　まったく微笑ましいですね。古代の人たちの心のおおらかさです。

そこで、伊邪那岐命は伊邪那美命に対して、あなたは「御柱を右より廻りなさい。私は左より回ります」と言って廻り逢えた時に、伊邪那美命は「あなにやし、えをとこを」と言い、伊邪那岐命は「あなにやし、えをとめを」と答えられた。しかし、その後、これは「女人（おみな）を、言先（ことさき）だちて良（ふさ）はず」。これは失敗だったと言われた。国神（くにつかみ）には失敗もあるんですね。それで水蛭子が生まれた。この子は葦船に入れて流した。次に淡嶋が生まれたが、これもまた子の数には入りません。

この禍（まがごと）を、二神は天神に相談しようと高天原に参上された。天神（あまつかみ）は卜相（うらへ）をもって「女人が先に言うのはよくない」と答えられ、「還り降って改めて言え」と詔（みことのり）された。

宣長翁は、これらの事共（ことども）を「女男（めを）の理（ことわり）」として、そのかみのはじめより「皆男神先成坐（なりまし）て、女神は次に成坐（なります）る」「女は男に後れて従ふべき理にて、今に至るまでおのづから然（しか）るなり」と言い、神のしわざを「なまさかしら」な漢意をもって逆らうべきではないと諭（さと）しています。

鈴木　二神は還り降って改めて御柱を廻り、こんどは男神が先に声をかけて交わり、大八嶋国を生み、八百万の神々を生みますが、伊邪那美命は最後に火の神を生んだために、美蕃登（みほと）炙（や）かれて神避（かむさ）ります。

伊邪那岐命は、嘆きながら出雲国と伯伎（ほうき）国の境にある比婆之山に伊邪那美命を葬り、十拳剣（とつかのつるぎ）を抜いて火の神、迦具土神（かぐつちのかみ）の頸（みくび）を斬り落とされました。

久慈　それからしばらくして後、伊邪那岐命は伊邪那美命に会いたくなり、黄泉国（よみのくに）に行かれた。その殿の騰戸（あげど）に立って伊邪那岐命が「吾汝（あれみまし）と作れりし国、未だ作り竟（を）へずあれば、還りまさね」と乞われた。伊邪那美命は「吾（あ）は黄泉戸（よもつ）喫（へぐひ）しつ」。私は黄泉の食事をしてしまったので、帰ることはできません。けれど折角、背（せ）の命（みこと）がおいでになったのですから、黄泉神（よもつかみ）に相談をしましょう、ちょっとお待ちください。しかし、決して私を見てはいけません。「我を莫視（なみ）たまひそ」と言って、殿の内に入られた。

待つこと久しく、伊邪那岐命は待ちかねて「一火燭し」、殿に入り見ますと、伊邪那美命は「宇士たかれとろろぎ」て、八雷神の姿に化っていました。伊邪那岐命は恐れをなして逃げ還ろうとしますと、伊邪那美命は「吾に辱見せたまひつ」と怒って追手をかけます。

伊邪那岐命は、ようよう黄泉比良坂まで逃げ還って、千引石で引き塞ぎ、相向かうと、伊邪那美命は「汝の国の人草、一日千頭絞り殺さむ」と言われた。伊邪那岐命は驚いて「吾はや一日に千五百産屋立ててむ」と答えられた。

このような憎愛のさまは、世に経る女男の哀しい別離の定めなのかもしれません。

その後に、伊邪那美命は黄泉大神と成りました。黄泉比良坂は今、出雲国伊賦夜坂となっているようです。

鈴木　さて、ここで三貴子の生誕です。

この黄泉は「夜見の国」で一火燭すとありますから、暗い所であり、地下にある国であって「死人の住む国と意得べし」とあります。

伊邪那岐神は、穢き死の国に行っていた。「吾は御身(おほみま)の禊為(はらひせ)な」と言って、竺紫日向橘小門之阿波岐原(つくしのひむかたちばなのおとのあわぎはら)に到り禊ぎ祓いをされた。上瀬(かみつせ)は瀬速く、下瀬(しもつせ)は瀬弱しと言って、初めて中瀬に降りて禊ぎされたときに成り坐(なりま)した神の名は、八十禍津日神(やそまがつひのかみ)、次に大禍津日神(おほまがつひのかみ)。この二神(ふたはしら)は、その穢き黄泉に行った時の汚垢(けがれ)によって成りました神であり、次にその禍を直そうとして成りました神の名は直毘神(なほびのかみ)、次に大直毘神(おほなほびのかみ)です。

そして最後に「左の御目を洗ひたまひし時に成りませる神の名は、天照大御神(あまてらすおほみかみ)。次に右の御目を洗ひたまひし時に成りませる神の名は、月読命(つくよみのみこと)。次に御鼻を洗ひたまひし時に成りませる神の名は、建速須佐之男命(たけはやすさのおのみこと)」です。

久慈　世の中のあらゆる悪しきことはみな黄泉の死の穢れによって起こるのであり、あらゆる善きことはみな禊ぎより起こるのであるといいます。

黄泉の汚れによって禍をもたらす禍津日神に対し、それを清めようとして、すべての悪しきことを善きことに直す直毘神が成るというのです。

そして、この禊ぎの「明く清まりたる」後に、日も月も成り出ることになります。

しかし、この禍津日神の出現はわが国特有の異形神（いぎょうしん）ではないでしょうか。黄泉の禊ぎによって、その凶悪（まがごと）より吉善（よごと）をなす世の中の「あるべき趣（おもむき）」を、宣長翁は「人は人事をもって神代を議（はか）るを、吾は神代をもって人事を知れり」と上つ代の神と人とが共にあった神随（かむながら）の道を示唆しています。

「趣」は、この神ながらの道のイマージュであり、ビジョンですね。

マガゴトはヨゴトよりおこり、ヨゴトはマガゴトよりおこる。互いにつぎつぎに「移りもてゆく理（ことわり）」というのです。善悪こもごも、生死こもごも、吉凶こもごも。

これが、翁が見たこの世の真実の姿のようですね。

鈴木　この時、「伊邪那岐命大（いた）く歓喜（よろこ）ばして詔りたまはく、吾は子（みこ）生み生みて、生みの終（はて）に、三貴子を得たりとのりたまひて、其の御頸珠（みくびたま）の玉の緒もゆらに取りゆらかして、天照大御神に賜ひて詔（の）りたまはく、汝が命は高天原を知（しら）せ、と事依（ことよ）さして賜（たま）ひき。次に月読命に詔りたまはく、汝が命は夜之食国（よるのをすくに）を知せ、と事依さしたまひき。次に建速須佐之男命に詔りたまはく、汝が命は海原を知せ、と事依さしたまひき」

天照大御神は天地を隈なく照らす日の神、太陽そのもの平和の女神です。

月読命は、夜の国を治めるのです。食国の食は物を食べることで、国を治めることを知とも食ともいうのです。政事は「物を見が如く、聞が如く、知が如く、食が如く、御身に受入れ有つ意あれば」とあります。

天照大御神も月読命も、天つ神として高天原に成り坐したが、須佐之男命は海原を知らさずして、八拳須心前にいたるまで泣きわめいて青々とした山を枯らし、川や海を泣き乾してしまった。

伊邪那岐大神がどうして哭くのかと問うたところ、「僕は妣の国、根之堅洲国に罷らむと欲ふが故に哭く」というので、伊邪那岐大御神は大いに怒って、おまえはこの国に住むなと言って神やらいされた。

根之堅洲国というのは、黄泉大神の坐します穢き黄泉で、堅洲国はその底の片隅にある国だというのです。

この須佐之男命の破天荒な泣きっぷり、これは暴風雨神を暗示しているのでしょうか。

伊邪那岐大神はいま琵琶湖のほとり、近江（彦根）の多賀大社に鎮座されています。

宣長翁は神のみしわざは「奇く霊くして、測りがたきをしらざるものなれば、さかしらを以て論ふまでもあらず、古事記にそって天つ神々の多くの事跡をよくよく尋ぬれば自ずから分かる」とありますから、いまは問わないこととしましょう。

久慈

追放されることになった須佐之男命は、姉君の天照大御神に暇乞いをしようと高天原にのぼります。すると、「山川悉に動み、国土皆震りき」とあります。

天照大御神は「必ず善き心ならじ」とお考えになり髪型を変えて男装とし、千入の靫である矢入れを背負って「なぜ上り来ませり」と問われると、須佐之男命は決して邪心がないことを誓われます。「ではその清明き心は何をもって知ることができるか」とさらに問われると「うけひて子生まな」と答えました。この「うけひ」（testament）というのは、神に対する誓約です。

まず大御神が、須佐之男命の剣を乞い受けて三段に折って噛みに噛んで吐き出した息の霧に多紀理毘売命（たきりびめのみこと）ら三女神が成り、つぎに須佐之男命が大御神の珠を乞い受けて噛みに噛んで吐き出した息の霧に天之忍穂耳命（あめのおしほみみのみこと）、天之菩卑能命（あめのほひのみこと）ら五男神が成りました。

そこで、天照大御神は「五柱の男子は私の持ち物によって成ったから私の子で、三柱の女子は須佐之男命の持ち物によって成ったから須佐之男命の子だ」と詔（の）り給いて、御子の属柄をお決めになられた。三女神は、いま福岡の宗像神社に坐（ま）します。

須佐之男命は「我が心清く明き故に、我が生めりし子手弱女（たおやめ）を得つ。此に因りて言（いい）さば、自ら我勝ちぬ」と言挙げされました。須佐之男命はその「勝さび」にのって、さらに大御神の営田（みつくだ）の畔を壊し、溝を埋め、また大嘗殿に屎など撒き散らされた。

それを、大御神は須佐之男命の赤心を信じてお許しになりました。しかし須佐之男命の悪しき業はやむことなく、御衣を織らせる服屋（はたや）の天井に穴を開け「逆剥（さかは）ぎに剥（は）」いだ馬の皮を投げ入れられた。天衣織女（あめのみそおりめ）は驚いて、梭（ひ）に陰上（ほと）を衝いて亡くなった。

「是に天照大御神見畏(みかしこ)みて、天石屋戸(あめのいはやと)を閇(た)てさしこもりましましき」という一大事になりました。

ここに、祓馬(はらえうま)が登場してまいりました。これは農耕の生贄(いけにえ)神事の名残りですが、北方系の荒んだ騎馬民族のわが国への渡来も窺えるようです。

鈴木　ここからが、古事記(ふるごとふみ)のクライマックスですね。「高天原(たかまのはら)皆暗く、葦原中国(あしはらのなかつくに)悉(ことごと)に闇し。此れに因りて常夜(とこよ)往く。萬(よろず)の妖(わざはひ)悉(ことごと)に発(おこ)りき。是を以て八百万神(やおよろずのかみ)、天安之河原(あめのやすのかはら)に神集(かむつど)ひ集ひて、高御産巣日神の子思金神(おもひかねのかみ)に思はしめ、常世の長鳴鳥(ながなきどり)を集(つど)へて鳴かしめて」と続きます。常夜往くとありますから、昼はなく夜のみで時は過ぎて、高天原も葦原の中国(なかつくに)もまっ暗闇というのでしょう。

この禍(まがごと)に対して、思金神は大御神を石戸からお出ししようと、八百万神々と相い議ります。伊斯許理度売命(いしこりどめのみこと)に八咫鏡(やたかがみ)を、玉祖命(たまのやのみこと)に八尺勾璁(やさかのまがたま)を作らせ、天香山(あめのかぐやま)の真賢木(まさかき)を根こじにこじて、上枝(ほづえ)に、八尺勾璁を取り付け、中枝(なかつえ)に八咫鏡をかけ、下枝(しづえ)に白丹寸手(しらにぎて)、青丹寸手(あをにぎて)を垂らして、天手力男神(あめのたぢからをのかみ)を石屋戸の脇に隠れ立たせて、天宇受売命（あめのうずめのみこと）は天之日影（あめのひかげ）をたすきにかけ、天之真拆（あめのまさき）を鬘（かづら）として小竹葉（ささば）を手草（たぐさ）に結んで、「天之石屋戸に汗気伏（うけふ）せて、踏みとどろこし、神懸（かむがか）りして胸乳（むなぢ）を掛（か）き出で、裳緒（もひも）を番登（ほと）に忍垂（おした）れき。爾（か）れ高天原動（ゆす）りて、八百万神共に咲（わら）ひき」です。

高天原を揺るがすほどに、八百万の神々が高笑いしたというのです。

大御神は、「これは何ぞ」とお思いになり、石屋戸を細めに開けて、なぜ天宇受売命は楽しく踊り、八百万の神々は笑うのだとお訊ねになった。

その時、隠れていた天手力男命がその御手をとって、お引き出しになりました。

そうして再び「天照大御神出で坐せる時に、高天原も葦原中国も自ら照り明りき」という一陽来復のこの世の蘇生です。

このパンテオン（pantheon）の大舞台は、鎮魂（たまふり）の神事ですね。いまの冬至祭なのでしょうか。

久慈　そうかもしれません。まったく赤裸々、天真爛漫な光景ですね。

上古には、女性性器の露出が呪術的に禍事（まがごと）を善事（よごと）に「開（ひら）ける」、直毘神の不思議な威力を持つと信じられていたようです。踊ったり笑ったりして、その乳房や陰上を露わにすることは、この世々に光をもたらすと告げられています。

「此の時に、上天初めて晴れ、衆に相見て、面皆明白かり。手を伸して歌ひ舞ひて、相与に曰さく、あはれ！（言ふこころは天晴なり）あなおもしろ！（言うこころは、衆 の面明白きなり）あなたのし！（言うこころは、手を伸して舞ふなり）あなさやけ！（竹葉の声なり）おけ！（其の葉を振ふの調なり）」と古語拾遺は上古の人たちの歓喜の叫びを伝えています。この「あはれ」の古語は感動を表す言葉ですが、平安時代に入って優美さと悲哀の情が加わって「もののあはれ」になったといいます。

「ここに八百万神共に議りて、須佐之男命に千位置戸を負せ、亦髭と手足の爪とを切り、祓はしめて、神やらひやらひき」。「千位置戸」はたくさんの償いの品を出させて、またの追放ですね。

鈴木　「神やらひやらひき」ですね。神々が神を追放するという事です。ちょっとその御仕業（みしわざ）をどう案じたらよいのか、宣長翁にお伺いしてみましょう。

宣長翁は「迦微（かみ）と申す名の義はいまだ思ひ得ず」と先ず断わりながら、「すべて迦微とは、古への御典（みふみ）等に見えたる天地のもろもろの神たちを始めて、其を祀れる社に座す御霊をも申し、又、人はさらにも云わず、鳥獣木草のたぐひ海山など、其のほか何にまれ、尋常ならずすぐれたる徳のありて、可畏（かしこ）き物を迦微とは云ふなり」と。これは、翁の神に対する定義です。

記紀などに見出す神々とは、天地のもろもろの神の御霊であり、また人も神とされるばかりではなく、鳥も獣も、草も木も、あるいは山でも海でも神とされる。すべて尋常ではない、すぐれた力を持ち、畏敬、畏怖をもって対されるようなものはすべて神というのだと翁は説くのです。この神への畏敬、畏怖の念は英語では「awe」（ɔ:）で外国（とつくに）でも同じですが、翁にはわが国の上つ代の「迦微」に対して、漢字の神（しん）を当てることに戸惑いがあったようです。

久慈　そうです。ですから、さきほどの翁の説に加えて「そもそも迦微はかくのごとく種々にて、貴きもあり賤きもあり、強きもあり弱きもあり、善きもあり悪しきもありて、心も行(しわざ)もそのさまざまに随ひて、とりどりにしあれば、大かた一むきに定めては論(い)ひがたき物になむありける」と神々の多様性を強調しています。

神を「一むきに定めて」、神とは絶対であり、全知全能であるとか何々であると一義的に定義することは誤りであるというのです。

急の段――

久慈　須佐之男命は、幽界の出雲国の肥の河上なる鳥髪の地に天降りされました。

その時です。その河に箸が流れてきました。須佐之男命はこの河上に人が住んでいるだろうとお考えになり、急ぎ上って行かれますと、老夫と老女と二人が女を中に置いて泣いていました。老夫の名は足名椎、妻の名は手名椎、女の名は櫛名田比売といいます。足名椎には八人の娘がいました。ところが、高志の八俣遠呂智が毎年やってきて娘を食べてしまい、櫛名田比売が最後の女です。「いま、それが来るときなのです」と言いました。「そのかたちはどんなか」と須佐之男命が問いかけますと、「彼が目は赤加賀智如して、身一つに頭八つ尾八つ有り。亦其の身に蘿及檜、榲生ひ、其の長さ谿八谷峡八尾を渡りて、其の腹を見れば、悉に常血爛れたり」と答えました。赤加賀智というのは、いまのホウズキです。

須佐之男命は老夫に命じて「八塩折之酒を醸み、且垣を作り廻し、その垣に八の門を作り門毎に八の佐受岐(さずき)を結ひ、その佐受岐毎に酒船を置きて、船毎に其の八塩折之酒を盛りて待ちてよ」と申された。

このようにして待つほどに、異様な形の八俣遠呂智がやってきた。八の頭を酒船に入れゴーゴーと恐ろしい音を立ててその酒を飲み、やがて八の頭は酔ってグーグーと鼾をかいて皆寝てしまった。

須佐之男命はこの時とばかり十拳剣を抜いて、その蛇を切り散らされますと、肥河が血の河に変わりました。そしてその最後に、尾を切られたとき都刈之大刀(つむがりのたち)が現れました。須佐之男命はこの太刀をとって、これはすべての凶事を断ち切る不思議な霊剣であるとお思いになり、「吾が赤心なり」として天照大御神に献上されました。これが草薙之太刀ですが、元の名は天叢雲剣(あめのむらくものつるぎ)で、のちに日本武尊の時に草薙と名付けられました。この人身御供譚の伝説は、神話固有の悲劇です。

天照大御神の石戸隠れの時に作られた八咫鏡、八尺勾璁そしてこの須佐之男命が献上された草薙之太刀、これで皇位継承の標章である三種の神器・玉璽（レガリヤ）

が打ち揃いました。

現在では八咫鏡は伊勢の神宮の皇大神宮に、草薙之剣は熱田神宮にご神体として奉斎され、八尺勾璁は皇居の御所に安置されています。また、皇居には八咫鏡と草薙之剣の形代があり、八咫鏡の形代は宮中三殿の賢所に、草薙之剣の形代は八尺勾璁とともに御所の剣璽の間に安置されています。

鈴木　須佐之男命は、そこで櫛名田比売と宮造りをすることをお考えになり、須賀（すが）の地においでになって、吾が心はこれにて清々しくなったと申され、櫛名田比売と婚されました。

そうすると、色とりどりの彩雲が十重二十重と立ち上り、須佐之男命は声高らかに詠われました。

やくもたつ いづもやへがき つまごみに やへがきつくる そのやへがきを

（夜久毛多都 伊豆毛夜幣賀岐 都麻碁微爾 夜幣賀岐都久流 曽能夜幣賀岐袁）

この歌は、日本最初の和歌だといわれています。

久慈　大国主神は、またの名は大穴牟遅神（おほなむぢのかみ）、葦原色許男神（あしはらしこをのかみ）、八千矛神（やちほこのかみ）、宇都志国玉神（うつしくにだまのかみ）と合わせて五つの名があります。古事記には須佐之男命の子とありますが、六世の孫ともいわれています。大穴牟遅神は、若い頃の名前です。このように多くの名前をもった神はおそらく大国主命だけで、大勢の人たちに愛された神だったのでしょう。「その御子はすべて百八十一柱（モモソヤハシラアマリヒトハシラ）の神ます」と伝えられています。また、大国主神には荒んだ兄弟の八十神（やそがみ）もありました。

鈴木　そうでしょう。大国主神といえば、出雲大社の縁結びの神というのがポピュラーですよ。それに七福神の大黒さま、そして「因幡の白兎」の物語もよく知られています。その荒んだ兄弟の八十神が、稲羽の八上比売（やがみひめ）に求婚するために、稲羽に出かけた時、大穴牟遅神は袋を背負って従者として供をしました。すると、気多岬で赤裸の兎が泣いているのに出会いました。八十神たちは、「此の海塩を浴み、風の吹くに当りて、高山の尾の上に伏せれ」と言って去りました。

兎はその言葉通りにすると皮膚が引き裂かれて、ますます痛み苦しみが強くなり、泣き伏していました。

少し遅れてやってきた大穴牟遅神が、「どうしたのか」と優しい言葉を掛けますと、兎は答えました。「僕(あ)は淤岐(おき)の島にいたのですが、本土に渡ろうと思い、和迩（ワニ）をだまして、ウサギとワニとどちらが多いか比べてみよう、島から陸までずうっと並んでくれないかと持ちかけました。ワニは承知し、仲間を呼んで並びました。僕はその背を飛びながら「1…2…」と数えてあと一歩で本土に渡れる時、「だましたんだよー」と正直に言ってしまいました。するとワニは怒って、僕を捕え皮を剥いだのです。

優しい大穴牟遅神は「急(すみや)かに此の水門に往き、水を以(も)ちて汝が身を洗ひて、蒲黄(がまのはな)を取りて、敷き散らして、その上に輾転(ねころ)べば、汝が身本(もと)の膚の如、必ず差(い)えむ」と教えました。兎の身体は本の通りになり、兎は「貴女が、八上比売を得るだろう」と言いました。これが因幡の白兎物語ですが、日本書紀には出ていません。

久慈　兎の言うとおり、大穴牟遅神が八上比売と結婚することになったので、兄弟の八十神たちは怒って大穴牟遅神を殺そうと考え、「いまから赤い猪を追っていくから山の下で待ちかまえ、捕まえてくれ」といい、真っ赤に焼いた大きな石をころがして落としました。その石を抱いて受け止め大穴牟遅神は死んでしまいます。御祖神（みおやのかみ）である母神が天神の神産巣日神に乞い願いますと、キサガイ、ウロガイの二柱の貝の女神によって生き返させられました。八十神はさらにまた大穴牟遅神をだまして殺しますが、また御祖神が蘇生させます。

そこで、御祖神はよくよくお考えになり「このままでは兄弟たちに大穴牟遅神は殺されてしまう。根之堅洲国の須佐之男命の処へ行きなさい」と命ぜられました。

大穴牟遅神は御祖神の指図に従って、根之堅洲国へ降って行きました。

大穴牟遅神は、須佐之男命のむすめの須勢理毘売（すせりひめ）と出会い、いとはやく目合為して、そのとっさの智慧を借りて須佐之男命の課すいくつもの試練を超えていきます。

蛇の室に寝かされた時は、そのひめから与えられた領布（ひれ）を三度振って難を逃れ、ムカデと蜂の室に寝かされた時も、その領布のおかげで救われ無事でした。また、鳴鏑の矢を野原に打ち、その矢を取るように言い付けて、草に火を付け、火攻めにあったときは、子鼠が現れて、「内は富良富良(ほらほら)、外は須夫須夫(すぶすぶ)」という。鼠の言うままにそこを踏むと、穴に落ちて、火はその上を過ぎていきました。

　大穴牟遅神が戻ってきたのを見た須佐之男命は驚いて、こんどは頭の虱を取るように言いました。

　頭には、たくさんのムカデがいました。困っていると、須勢理毘売がムクの実と赤土を渡しました。そこで大穴牟遅神がムクの実を噛み砕き、赤土を口に含んで吐き出すと、須佐之男命は大穴牟遅神が百足を食い破り吐き出していると思い、気持ちよく寝てしまいました。

　このときとばかり大穴牟遅神は須勢理毘売を背負い、須佐之男命が持っていた生太刀(いくたち)、生弓矢(いくゆみや)、天の詔琴(あめののりごと)を持って逃げ出しました。すると、天の詔琴が樹の枝に触れてポロンと鳴り、須佐之男命はこの音で目を覚まし、大穴牟遅神を追いかけてきて「其の汝(いまし)が持てる生太刀、生弓矢を以ちて、汝が庶兄弟(ままあにおと)をば、坂の御尾(みお)に追ひ伏せ、意禮（おれ）、大国主神と為り、我が女（むすめ）須勢理毘売を嫡妻（むかひめ）と為（し）て、底津石根（そこついはね）に宮柱布刀斯理（みやばしらふとしり）、高天の原に氷椽多迦斯理（ひぎたかしり）て居れ。是の奴（やっこ）」と笑いながら大声で祝言（ことほ）ぎされました。

「地底の磐に宮殿の太い柱を掘り立て、高天原に向って千木を高く上げて住め！」

この祝言は、いまも延喜式の祝詞などに用いられているようです。

須佐之男命は、出雲の須賀の地の熊野大社に鎮座されています。

鈴木　「大国主神の兄弟八十神坐しき。然れども皆国は大国主神に避（さ）りき」。八十神は皆、国を大国主神に委ねたと記されています。

宣長翁は兎を癒やすこと、それは「薬方（くすりわざ）の物に見えたる初めなり、世人病、また身の傷を治めなむとせば、この神の恩頼（みたまのふゆ）仰ぐに如事（しく）なし」と説いています。みたまのふゆとは、神の御稜威（みいつ）とご加護をいいます。領布（ひれ）は女が肩にかける薄い布で、振ることで呪力をもつと考えられていたようです。

大穴牟遅神の受けた数々の試練である「死と蘇りの儀」を考えますと、私は上つ代の出雲教団を広く北陸（越）、諏訪、大和、筑紫にまで拡布させたシャーマンの巫覡信仰のイニシエーション（initiation）の荒行のように思いました。

なにか物悲しくて、それでいてどこかほがらかな場面ばかりですね。

さて、次の場は大穴牟遅神が宇都志国玉の大国主神となって最後を飾る国づくり、国譲りの場です。

久慈　大国主神が出雲の美保の埼に坐しました時、波の穂より天の羅摩船に乗ってやってくる神がありました。その名を聞きましたが、答えがありません。諸々の神に問いましたが、皆知りません。しかたなく久延毘古に尋ねますと、「この神は神産巣日神の御子、少名毘古那神ぞ」と答えました。久延毘古は、山田の案山子です。この神は、足は行かねども天下のことを知れる神なりといいます。

そこで、少名毘古那神について神産巣日神にお尋ねすると、「その小さな神は、我が小指の間より漏れて生まれた御子である。大国主神と兄弟と成りて国を作り固めなさい」と詔り給いました。

古事記にはこれより後、二柱の御神は相並びてこの中つ国を作り固めたとあります。伊邪那伎命の御子が須佐之男命、その御子が大国主神ですから、国づくりは天つ神より国つ神の大国主神に正しく引き継がれました。

しかしその後、少名毘古那神は常世の国に帰られました。常世の国は、海のかなたの極遠にあるとこしえの国であるといいます。この二柱の神は人のためだけではなく、家畜のために病気治療の方法を定め、さらに鳥獣や昆虫の災いを除くために、禁厭（まじない）の法を広められたと伝えられています。

大国主神は、淋しくて「吾独（あれひとり）して何（いか）にか能（よ）く此の国を得（え）作らむ。孰（いづ）れの神と吾と、能く此の国を相作らむや」と詔りますと、この時に、海を照らしてくる神がありました。

その神は、「吾能く共與（とも）に相作り成さむ。若し然らずば国成り難けむ」と詔りたまい、大国主神は、「あなたは不思議な力をもつ和魂（にぎみたま）、幸魂（さきみたま）、奇魂（くしみたま）の神ですね」と随喜され安堵されました。

「されば吾をば大和の国の三諸山に伊都岐奉れ」とのこと。この神が、大和の大三輪大社の大神です。

鈴木　その中つ国は、高天原では豊葦原の瑞穂国ともいわれていますが、多くの荒ぶる神々がいる、言趣け和さなければいけないと考え給う天照大御神は、天の安河の河原に、八百万の神々を神集へに集へて「此の葦原中国は、我が御子の知らす国と言依さし賜へりし国なり。何れの神を使はしてか言趣けむ」と申されました。思金神は諸々の神と議り、まず最初に天菩比神が選ばれて遣わされました。それがどうしたことか、三年経っても復奏がありませんでした。

そこで、大御神はまた神々と相議って、次に天若日子を遣わされました。しかし天若日子は大国主神の女、下照比売を娶り、中つ国を獲ようとする思いもあり、八年経っても復奏がありませんでした。

ここで、またまた大御神が思金神と諸々の神と相議って、こんどは「雉、名は鳴女」を遣わし、中つ国の天若日子の門の繁った湯津楓の枝に止まって、天つ神の言趣（ことむけ）を伝えようとされました。すると天若日子は「此の鳥は、其の鳴く音甚悪し（こえいとあし）」といって、天之加久矢（あめのかくや）をもって、その雉を射殺してしまいました。ところが、その矢が高く飛んで天の河原の天つ神のところに届きました。天つ神々は、その天之加久矢を手にとって「天若日子、或（も）し邪（きたな）き心有らば、此の矢に麻賀禮（まかれ）」といって、矢を穴から衝き返し下しますと、朝床に寝ていた天若日子は、高胸坂に自分が射たその矢をうけて亡くなりました。国つ神たちは天若日子の死を哭き悲しみ、日八日夜八夜を歌い舞いして遊んだとあります。

また、この故事から「雉（きぎし）の頓使（ひたづかい）」の言葉が生まれました。いま使われている「梨のつぶて」と同義語です。

久慈

ここで、いまいちど天照大御神は思金神と八百万の神に、こんどはどの神を遣わそうかと議られました。神々はうち揃って「伊都之尾羽張神（いつのをはばりのかみ）か、その御子の建御雷之男神（たけみかずちのをのかみ）を遣わそう」と答えられました。大御神は、建御雷之男神に天鳥船神（あめのとりふねのかみ）を副えて遣わされることにお決めになりました。

建御雷之男神と天鳥船神は、出雲国伊那佐の小濱に降りて、十掬剣を抜いて逆さまに浪の穂に刺し立て、その切っ先にあぐらをかいて坐り、大国主神に向って「天照大御神は、葦原中国は、我が御子の知らす国ぞと言依(ことよ)さし賜ひき。汝が心は如何に」と問われました。大国主神は「僕(あ)は得白(えもう)さじ。我が子、八重言代主神(やえことしろのぬしのかみ)、是れ白すべし」と答えられました。そこで、建御雷之男神は天鳥船神を美保の埼の言代主神のところに遣わして問い正しますと、言代主神は「恐(かしこ)し。此の国は、天つ神の御子に立奉(たてまつ)らむ」と言って、船を踏み傾け、天の逆手を打って青い柴垣に変えて、その中に隠れられました。天の逆手とは、呪術によって青い柴垣を神の籠る宮に化(か)えるという意味で、服従の意を表するのです。

次に、大国主神は「亦我が子、建御名方神(たけみなかたのかみ)有り。此れを除きては無し」と言いました。すると、そう言っているときに、建御名方神がやって来て「誰ぞ我が国に来て、忍(しの)び忍びに如此(かく)物言ふ。然らば力競(ちからくら)べ為(せ)む」といって、建御雷之男神の手を掴みました。すると、建御雷之男神はその手をツララに変え、さらに剣に変えました。この建御雷之男神は、雷神であり刀剣の神なのですよ。

そして、逆に建御名方神の手を掴むと、葦の若葉を摘むように握りつぶして投げつけられたので、建御名方神は恐れをなして逃げ出しました。建御雷之男神が信濃の国の諏訪湖まで追いつめますと、建御名方神は「我が父、大国主神の命に違はじ。八重言代主神の言に違はじ。此の葦原中国は、天つ神の御子の命（みこと）の随（まま）に献（たてまつ）らむ」と申されました。

鈴木　建御雷之男神は出雲に戻り、大国主神に「汝が心は奈何に」と再度問いかけられましたね。大国主神は「僕（あ）が子等、二柱の神の白す随に、僕は違（たが）はじ。此の葦原中国は、命（みこと）の随（まま）に既に献らむ」と申され、そのかわり天の御子が住むのと同じぐらい大きな殿舎を多芸志の小濱に建ててほしい。そうできれば「僕は百足（ももた）らず八十（やそ）坰手（くまで）に隠りて侍（さもら）ひなむ。亦僕が子等、百八十神、八重言代主神、御尾前（みをさき）と為りて仕えへ奉らば、違ふ神は非じ」と誓われました。

この件（くだり）も、天つ神と国つ神の永劫の確かな「うけひ」ですよ。「百足らず」は八十の枕詞。八十は数の多いこと、坰手は隅の曲がり込んだところで、かたすみのこと。根の国、底の国を指しています。

出雲大社は後世まで壮大な建築で知られ、平安時代の「口遊（くちずさみ）」（970年）の中に「雲太、和二、京三」と歌われ、奈良の東大寺大仏殿、京の大極殿をしのぐ規模であるとされています。社伝では、上古は三十二丈、中古は十六丈、現在は八丈になったと伝えられています。

神無月（かんなづき）といわれる旧暦十月に、出雲では「神在月」の神事が行われています。旧暦十月十日の夜、国譲りが行われたとされる稲佐浜で、全国から参集する神々を迎える「神迎祭」が行われ、その後旧暦十一日から十七日まで出雲大社で会議が行われます。それは縁結びの相談のためともいわれて、その間「神在祭」が行われて、そして翌十月十八日には、各地に帰る神々を見送る「神等去出」が行われています。出雲大社の荒垣内には、神々の宿舎となる十九社があります。

ここに、建御雷之男神は返り参上りて天照大御神に「葦原中国を言向（ことむ）け和平（やは）しつる状を、復奏したまひき」とあります。

久慈　天照大御神は、「今、葦原中国を平け訖へぬと白せり。言依さし随に、降り坐して知らしめせ」と天忍穂耳命にのりたまいました。

天忍穂耳命は「僕は降らむ装束しつる間に、子生れ出でつ。名は天津日高日子番能邇邇芸命ぞ。此の子を降すべし」とお答えになりました。大御神はいといと歓喜ばれ、あらためて邇邇芸命に「豊葦原水穂国は、汝知らさむ国ぞと言依さし賜ふ。故、命の随に天降るべし」とのりたまいました。さらに八咫鏡、八尺勾璁、草薙之剣の三種の神器を授けたまい「此れの鏡は専ら我が御魂として、吾が前を拝くが如伊都岐奉れ」と詔り給いました。

さて、日本書紀のその天孫降臨の行を申し添えてみましょう。

皇孫に勅して曰はく「豊葦原千五百秋之瑞穂国は、是れ吾が子孫の王たる可き地なり。宜しく爾皇孫就きて治せ。行矣、宝祚の隆えまさむこと、当に天壌と窮無かるべし」と記されています。

この誓約が万世一系の神勅として、綿々とわが国に伝えられてきたのです。
ここに、皇孫邇邇芸命は天児屋命(あめのこやねみこと)をはじめ五伴緒(いつとものお)を従えて、天の石位(いわくら)を離れ、天の八重多那雲(たなぐも)を押し分けて、聖なる天の浮橋を渡り、筑紫の日向の高千穂の峰に天降り坐しました。邇邇芸命は、この地は韓国(からくに)に向かい笠沙(かささ)の岬までまっすぐな道が通じていて、朝日のよく射す国、夕陽のよく照るいとよき国であると歓ばれました。

鈴木　その後々の日、邇邇芸命は笠沙の岬で麗しい乙女にお遇いになりました。「あなたは誰の娘ですか」と問いかけられますと、「私は大山津見神(おおやまつみのかみ)の娘、名は木花之佐久夜毘売(このはなのさくやひめ)です」とお答えになりました。また「あなたの兄弟はあるのですか」と尋ねられ、「姉の石長比売(いわながひめ)があります」とお答えになりますと、吾は「あなたと目合(まぐはひ)しようと思うがいかがですか」とお告げになりました。
「それは父の大山津見神に申してください」と返されました。そこで大山津見神に遣いを出して乞われますと、大山津見神はいたく喜んで、姉の石長比売を添え、百取(ももとり)の机代(つくえしろ)の物を持たせて、奉られました。しかし姉はいと醜くて、邇邇芸命は見畏みて送り返し、木花之佐久夜毘売を留めて、一宿婚（ひとよまぐはひ）されました。百取の机代とは多くの贈り物です。

大山津見神は大いに恥て「我が二人を並べて奉りましたのは、石長比売をお使いになれば、天つ神の御子の命は雪降り風吹いても、石（いわ）のごとく堅く動かないでしょう。木花之佐久夜毘売をお使いになれば、木の花の栄えるように栄えるでしょう、と『うけひ』して奉りました。しかし石長比売を返されて、ひとり木花之佐久夜毘売を留められました。それゆえに天つ神の御子の御寿（みいのち）は、木の花のようにもろくはかないでしょう」と申されました。これによって、今に至るまで天皇命等（すめらみことたち）の御命は長くはないのだといいます。

そんなある日、木花之佐久夜毘売は「私は妊身（はら）み、今産むときになりました」と申しました。

邇邇芸命は「一宿にて妊（はら）める。それは我の子ではない。国つ神の子でしょう」とのりたまいました。木花之佐久夜毘売は「私が妊みました子が、もし国つ神の子でしたら無事に生まれないでしょう」と言われて、戸の無い八尋殿を作って、土で塗り塞ぎ火を付けてその中でお産みになりました。

火の盛んな時に生まれたのが、火照、次の子は火須勢理命（ほすせりのみこと）、次の子は火遠理命（ほをりのみこと）またの名は天津日高日子穂穂手見命（あまつひこひこほほてみのみこと）、兄の火照命には海の幸があり、弟の穂穂手見命には山の幸がありました。

海幸彦、山幸彦の海と山の兄弟物語ですね。

久慈　ある時、兄の命である海幸彦は、弟の命山幸彦の弓矢を借りて山へ行き、山幸彦は海幸彦の釣り針を借りて海に行かれましたが、どちらも獲物はありませんでした。海幸彦は弓矢を返されましたが、山幸彦は海で釣り針を失くしてしまったので返すことができません。新しい針を求めて返そうとされましたが、海幸彦は承知されません。山幸彦は困って心を痛めていますと、塩椎神（しほつちのかみ）が現れて小船を作り、山幸彦をその船に乗せて「綿津見神（わたつみのかみ）の宮に行き、その門の前にある湯津香木（ゆつかつら）の上に坐って、海神の女（むすめ）を待って相談しなさい」と教えました。山幸彦は教えのままに湯津香木の上に坐って待ちますと、豊玉毘売が現れましたので、山幸彦は毘売と目合し、毘売は海神の父にその事を申しますと、父は「この人は天津日高の御子ぞ」と言って、婚させ、山幸彦は三年の間、綿津見の宮に住みました。

山幸彦はそろそろ中つ国に帰ろうとお考えになり、綿津見神に釣り針を失くして困っている話をしますと、海神は「さっそく魚たちを集めて探させましょう」と申されました。すると間もなく、赤鯛が喉を痛めて病んでいると知らせがあり、鯛を呼び出して口のなかを探すと果たして釣り針が出てきました。

山幸彦は喜んで海神にお礼を申し上げ、そろそろ中つ国へ帰らなければならないと申しあげると、綿津見神は名残を惜しみ、「塩盈珠」と「塩乾珠」の二つの珠を山幸彦に献上されました。

山幸彦は和邇の背に乗って中つ国に帰り、海幸彦に釣り針を返そうとされますが、海幸彦は意地悪で受け取ろうとしません。そこで、山幸彦は綿津見神に教えられたように塩盈珠を海に漬けられると、たちまち海水が満ち来て海幸彦は溺れそうになりました。海幸彦が仰天して深く謝られるのをみて、こんどは塩乾珠を海に漬けられるとたちまち海水は引き去って行きました。海幸彦は、ようやく「僕(あ)はいまよりのち、山幸彦の命の守護人(まもりびと)となりて仕えよう」と誓って、兄弟の命(みこと)は仲直りされました。

鈴木　折しも、ちょうどその時です。綿津見の宮より豊玉毘売が上り来て「私は妊(みごも)り、今産むときになりました。天つ神の御子は海原で産んではなりませんから、こちらに参りました」と申されました。

そこで海辺に鵜の羽根で葺いた産屋を造り、その中で産もうとされましたが、まだ葺き終わらない内に産気づき、毘売は「佗国(あだしくに)の人は、産む時に臨(な)れば、本(もと)つ国の形を以ちて産生(う)むなり。妾(あれ)、本(もと)の身を以ちて産まむとす。願はくば、妾をな見たまひそ」とタブーを告げられました。佗国とは異なった世界、異郷のことです。

穂穂手見命はその言葉を少し怪しく思われて、その産屋の隙間より覗かれますと、毘売は八尋和邇(やひろわに)に化(な)ってうねりくねられていました。

命（みこと）は大変驚き、あわてて逃げ帰られました。毘売は「吾が形を伺見（かいまみ）たまひし、是れ甚作（いとは）づかし」と申されて、その御子を産み置いて、海坂（うなさか）を塞いで綿津見の宮に帰ってしまわれました。その御子の名は、鵜葺草葺不合命（うがやふきあへずのみこと）と申します。産屋の姿そのままの瑞々しい御名（みな）ですね。

久慈　毘売の恥じらいの気持ちもよく分かりますね。そのあとあとですが、毘売の穂穂手見命への恋しい情（こころ）は忍びがたく、またその鵜葺草葺不合命を治養（ひた）するために、妹の玉依毘売（たまよりひめ）を差し向けられました。その時に、添えられた歌があります。

赤玉は　緒さへ光れど　白玉の　吾が装（よそひ）し　貴くありけり
（阿加陀麻波　袁佐閇比迦禮杼　斯良多麻能　岐美何余曽会比斯　多布斗久阿理祁理）

穂穂手見命はそれに応えて、お歌いになりました。

沖つ鳥　鴨著（ど）く島に　我率寝（いね）し　妹（いも）は忘れじ　世のことごとに
（意岐都登理　加毛度久斯麻邇　和賀韋泥斯　伊毛波和須禮士　余能許登碁登邇）

穂穂手見命の御陵は、高千穂の山の西にあるといいます。

鵜葺草葺不合命はその姨玉依毘売を娶って、お産みになった御子の名は神倭伊波禮毘古命（かむやまといはれびこのみこと）です。大和に遷られてからの御名は、神武天皇と申します。

さて最後になりましたが、悠久の上つ代の終わりを告げる神武元年の制定の由来ですが、西暦（ＡＤ）６０１年、推古９年の辛酉の年に、その一蔀（いちぼう）１２６０年さかのぼって，西暦（ＢＣ）６６０年の辛酉の年を神武元年とし、あわせて我が国の建国の年と定められました。これは陰陽五行説に基づいて、甲子や辛酉の年には変革が起きるという故事に倣っているといわれています。従って、今年は皇紀２６７１年にあたるのです。

ことだまの余録

梅一輪の正月、渋谷のオーチャードホールで催されたフィリップ・グラス作曲の交響曲第五番（合唱付）のピース・シンフォニー日本初公演を家族と一緒に聴きに参りました。この交響曲は、ミレニアム（千年紀）を祈念するザルツブルグ音楽祭のために、現代音楽の旗手として脚光を浴び、若い世代のシンボル的な存在となっているアメリカ生まれのフィリップ・グラスに委嘱されたといわれます。

かのとき　無もなかりき　有もなかりき。
空も、またその上の空もなかりき

古代インドの聖典である「リグ・ヴェーダ」の賛歌から、交響曲第一楽章の『創造以前』の合唱は始まっています。

作曲者は、その意図を千年紀の替わり目までの過去を（レクイエム）で表現し、現在を生まれる瞬間と死の瞬間を意味する仏教のサンスクリット語の化身（ミルマナカヤ）

で結んで、永遠の生命の架け橋としたと語っています。

全十二楽章からなるこの詩曲は、世界の諸宗教の聖典、神話、伝承が複合されて、人類の誕生の謎を解き明かし、すべての大陸に住む人々の原始の心に触れて、人類の心を一つに結び、世界は同じグレイト・ファミリーだと告げようとしています。

第三楽章の、『生物の創造』では、わが国の日本書紀の中から、国生み（くにう）の一筋が描き出されています。

イザナギノミコトとイザナミノミコトは
天（あめ）の浮橋（うきはし）の上に立ち
共に計（はか）って言った
（中略）
矛（ほこ）の先からしたたり落ちた潮（しお）が凝（こ）り固まって
一つの島となったオノコロ島と名付けられた

第九楽章『死』には、小野小町、松尾芭蕉、観阿弥の名前が登場し、日本人の無常観が暗示されています。

全楽章が旋律よりも歌詞に重きを置いたレシタティーヴォの声楽形式で、混声合唱と児童合唱、それに声楽ソロが加わるという大変にドラマティック構成で、今までのキリスト教の聖書を背景とした交響曲と異なった、私たち日本民族の心根に語りかけてくる身近さに感動を覚え、私は交響曲の父と呼ばれたハイドンのオラトリオ『天地創造』と重ね合わせながら聴き入りました。

一時間四十分の演奏が終わって、満場の拍手は鳴りやみませんでした。

私は何気なく、プログラムの作曲者フィリップ・グラスの若々しいフォトに見入りながら、その協力者として、ニューヨーク聖ヨハネ大聖堂の堂長であったジェームス・パークス・モートン師の懐かしい名を見出しました。

この壮大なアンソロジーのプロットは、尊師によって選ばれたのかもしれません。

あとがき

私たちは、誰しもがそれぞれに幼い時に見た、心の奥に秘められたアルカイック（古代）な原風景を持って、生きているのではないでしょうか。

静岡の三保の松原に生を享けた私には、母の背中で聞いた〝羽衣（はごろも）〟の子守唄がそうです。

白い浜辺の松原に／波が寄せたりかえしたり／あまの羽衣ひらひらと／天女の舞の美しさ／いつか霞につつまれて／空にほんのり富士の山

悲しい時、苦しい時、そして喜びの時にも一人になると、おのずからオルゴールが鳴って、その原風景へと自分を呼び戻してくれます。

私は、これを〝心のノート〟と名付けております。

〝子供の発見者〟であり、近代教育学の父と呼ばれているＪ・Ｊ・ルソーは、その著『エミール』の冒頭で次のように嘆息しています。

「万物を作る者の手を離れるとき、すべては良いものであるが、人間の手に移ると、すべてが悪くなる」

また、『星の王子さま』のサン・テグジュペリも同様に「大人は誰でも、かつて子どもだった。でも、そのことを忘れずにいる大人はいくらもいない」と悲しんでいます。

童話は心の薬であり、膝の上の劇場です。日々の読書のなかで子供たちの感性は磨かれ、親と子の絆が結ばれていきます。

高天原を神やらいされたスサノオの命は、出雲で八俣遠呂智（やまたのおろち）を退治して、山の神のアシナズチ、テナズチの娘のクシナダ姫と結婚し、その歓喜の歌を詠まれています。

八雲（やくも）立つ　出雲八重垣（いずもやえかき）　妻籠（つまごみ）に　八重垣作る　その八重垣を

世界で最も短い詩形である、日本の和歌の始まりです。

日本の神々は幾つかの厳しい試練を経て、優れた徳性を持つ神に成り坐（ま）せるのです。そこに、日本特有の神々の系譜があるようです。

神話は、それぞれの民族の生誕の秘め事を知らせる、私たちの遠い遠い生命の物語です。

鈴木啓子女史と対談しながら、神典（かみのみふみ）の『古事記』を目で読まないで、声を出して読み合っていきますと、しばらくして古語のパロールに馴染んできて、上（かみ）つ代の時代に這入（はい）って行くようなミステリアスな気持ちを覚えました。

この拙著を発刊するに当たり、表題の『玉兎（ぎょくと）』の文字を天台宗毘沙門堂門跡門主・叡南覚範大僧正にご染筆いただきました。謹んで、深謝申し上げます。

なお、大阪大学名誉教授子安宣邦先生の『本居宣長』、東京大学名誉教授神野志隆光先生の「『古事記伝』を読む」をはじめ、多くの諸先生の御著書を参考にさせていただきました。ここに、厚く御礼申し上げます。

久慈倫太郎（くじ りんたろう）

童話作家
慶應義塾大学文学部卒業後、Saint.Paul University にて教育学博士号を取得。

2000 年、バチカン市国にてローマ法王ヨハネ・パウロ 2 世に謁見。

バチカン有功十字勲章を授与される。

2010 年、チベット仏教ゲルク派ガンデン・ティパ 102 代法王に謁見。

2010 年、日本の教育界に貢献した功績により、東久邇宮文化褒賞を受賞する。

（株）VVIP・STEM CELL 顧問。国連 NGO 加盟団体 世界連邦日本仏教徒協議会理事の他、（社）日本ペンクラブ、（社）日本文藝家協会、（財）国策研究会などに所属。

玉兎（ぎょくと）のノート

平成 23 年 10 月 1 日　第 1 刷発行

著　者　久慈倫太郎・鈴木啓子
発　行　エヌイーテレビ株式会社　出版部
〒 150-0022 東京都渋谷区恵比寿南 2-25-10-303
TEL 03-3408-8300　FAX 03-3746-1588
URL：エヌイーテレビ　http://www.n-e-t.tv
出版ものがたり　http://www.monog.co.jp
Mail: seisaku@n-e-t.tv
発行人　須田 早
発　売　株式会社　星雲社
〒 112-0012 東京都文京区大塚 3-21-10
TEL 03-3947-1021　FAX 03-3947-1617
ISBN978-4-434-16044-8

写真協力／法隆寺　本居宣長記念館
ユニフォトプレス　小学館
デザイン・DTP ／具志堅芳子
印　刷　／株式会社大道印刷